LE
DROIT FUNÉRAIRE
A ROME

PAR

HENRI DANIEL-LACOMBE

DOCTEUR EN DROIT

> Quid ipsa sepulcrorum monumenta……
> significant, nisi nos futura etiam cogi-
> tare !
> (CICERON. — *Tuscul*, I. 14.)

PARIS

ALPHONSE PICARD, ÉDITEUR

LIBRAIRE DES ARCHIVES NATIONALES ET DE LA SOCIÉTÉ DE L'ÉCOLE DES CHARTES

82, RUE BONAPARTE, 82

1886

LE DROIT FUNÉRAIRE A ROME

PAR

HENRI DANIEL-LACOMBE

DOCTEUR EN DROIT

> Quid ipsa sepulcrorum monumenta.. ..
> significant, nisi nos futura etiam cogi-
> tare !
>
> (CICÉRON. — *Tuscul*, I, 14.)

PARIS

ALPHONSE PICARD, ÉDITEUR

LIBRAIRE DES ARCHIVES NATIONALES ET DE LA SOCIÉTÉ DE L'ÉCOLE DES CHARTES

82, RUE BONAPARTE, 82

—

1886

LE
DROIT FUNÉRAIRE
A ROME

LE
DROIT FUNÉRAIRE
A ROME

PAR

HENRI DANIEL-LACOMBE

DOCTEUR EN DROIT

> Quid ipsasepulcrorum monumenta.....
> significant, nisi nos futura etiam cogi-
> tare ?
>
> (CICERON. — *Tuscul,* 1. 14.)

PARIS

ALPHONSE PICARD, ÉDITEUR

LIBRAIRE DES ARCHIVES NATIONALES ET DE LA SOCIÉTÉ DE L'ECOLE DES CHARTES

82, RUE BONAPARTE, 82

1886

Il ne me paraît pas inutile, au début de cette étude, d'observer qu'elle est entreprise à un point de vue exclusivement juridique. La matière, il est vrai, prête aux développements historiques, en ce qui concerne, non seulement les institutions romaines, mais encore celles de tous les peuples de l'antiquité. Les usages égyptiens devraient particulièrement être signalés, et il faudrait mentionner surtout les traditions grecques dont Rome s'est inspirée. Vouloir réunir ces documents, serait tenter une œuvre déjà faite et nécessairement incomplète de ma part, entrer dans un domaine moins sévère sans doute, mais qui ne doit pas être le mien.

L'objet de ce travail est tout autre. Il a pour but de grouper les textes épars qui ont trait à l'importante question des sépultures, d'indiquer leur mise en œuvre, de remarquer comment ils s'harmonisent avec les principes du droit, enfin d'en composer un tout que je souhaiterais être aussi précis que possible. Ce n'est pas à dire toutefois qu'il faille s'interdire absolument toute preuve historique, quand il en est besoin, ou renoncer de parti-pris aux citations d'auteurs classiques dont les opinions, justement considérées, peuvent être décisives en certaines occasions. Mais si le secours de ces auxiliaires ne doit pas être négligé, il est en même temps nécessaire qu'il soit mesuré ; j'ai donc cru ne devoir leur faire qu'un appel très discret, soucieux de m'attacher principalement à l'examen des textes, tout en me souvenant néanmoins de ce mot familier à Portalis : « Interrogeons l'histoire, elle est la physique expérimentale de la législation (1) ».

Aussi bien, est-il superflu d'insister sur le caractère de droit naturel inséparable du fait de la sépulture, et de démontrer comment partout il se retrouve. C'est conformément à cette idée que Sénèque rangeait le droit à la tombe « non point parmi les droits écrits, mais parmi ceux plus certains que les droits écrits (2) ». La question de la vie future et de ses destinées, si imparfaite et grossière qu'elle fût dans le paganisme, domine et éclaire tout ce sujet. Là est le mobile de cette « *favor religionis* » qui à chaque instant tempère les rigueurs du vieux droit civil, et en apparaît comme l'*ultima ratio*.

(1) Sainte-Beuve, Causeries du Lundi, t. V, p. 162.
(2) Marc. Ann. Sénèque, liv. I, controv.

INTRODUCTION

1. Distinction des choses *divini juris* et *humani juris*.
2. *Res sacræ* et *res religiosæ*.
3. Divinisation des morts.
4. Culte des mânes. Rites et fêtes funèbres.
5. Idée de la seconde existence après la mort.
6. Souveraine importance de la sépulture chez les Romains.

1. — La division des choses en *res divini juris* et *res humani juris* semble avoir été à l'origine la division essentielle. Gaïus la présente encore comme la plus importante : « *summa* » (1). On a remarqué avec raison qu'en cela il cède à la tradition plutôt qu'il n'obéit à la logique. Il est incontestable, en effet, qu'à l'époque classique, cette distinction a perdu beaucoup de son intérêt. Elle est absorbée alors dans la classification plus générale des choses en *res extra commercium* et *res in commercio* ; les premières comprenant avec les *res divini juris* les *res communes*, certaines *res publicæ* et certaines *res universitatis*. Aussi les Institutes de Justinien (2), sinon le Digeste (3), n'en font-elles mention que d'une façon accidentelle, et ne les considèrent-elles seulement que comme ayant qualité de *res nullius*.

(1) Gaïus. Instit. II, § 2.
(2) Instit. De divisione rerum, § 7
(3) L. 1 pr. D. de divis. rer.

D'où venait donc l'importance de la division première ?
Sans doute, de ce que les choses *divini juris* étaient soumises
à l'autorité des pontifes, investis à leur égard d'une juridiction
qui ne leur était point dévolue en ce qui concerne les *res humani juris.*

Le droit pontifical, toujours vague et indécis, n'a point donné
de ces *res divini juris* une définition nette et adéquate; mais
par voie de conséquence, et d'après les principes plus positifs
du droit civil, nous pouvons dire que ce sont les choses spécialement affectées à des dieux déterminés et dont ceux-ci ont
la propriété exclusive, perpétuelle, absolue.

2. — Quels sont ces dieux ? Gaïus nous l'apprend lorsqu'il
établit la division des *res divini juris* en *res sacræ* et *res religiosæ* (1). « *Sacræ sunt quæ diis superis consecratæ sunt, religiosæ quæ diis manibus relictæ sunt.* » Ce serait sortir de notre
cadre que de nous étendre sur la première catégorie de ces
choses ; il importe toutefois de remarquer la formule du jurisconsulte, car elle nous offre la délimitation générale de notre
sujet. Les *res religiosæ* et les *res sacræ* diffèrent par la nature des
dieux auxquels elles sont attribuées. Ces dernières forment
l'apanage des *dii superi,* c'est-à-dire des dieux de l'Olympe,
de la divinité proprement dite. Mais par divinités d'en haut il
faut entendre les trois classes de dieux *superi, medioxumi,
inferi,* et ne pas restreindre cette appellation à la seule première catégorie ; c'est ce que fait ici Gaïus lorsqu'il l'oppose
aux dieux mânes, qui ne sont que les âmes humaines divini-
sées, et qui n'ont rien de commun avec les *dii inferi.* Cette

______

(1) Gaïus, II, §§ 3 et 4. — Notons que les textes assimilent aux *res sacræ* les *res
sanctæ* (choses dont la condition n'a jamais été exactement déterminée), mais
qu'à proprement parler, il est difficile de les faire véritablement rentrer dans
la catégorie des choses *divini juris.*

expression de dieux mânes ne doit donc pas nous arrêter.

3. — Aux yeux des anciens, en effet, tous les morts, sans distinction, prenaient rang au nombre des dieux (1). « Rendez aux mânes ce qui leur est dû, dit Cicéron ; ce sont des hommes qui ont quitté la vie : tenez-les pour des êtres divins (2). » Les Grecs leur donnaient le nom de démons ou de héros. Les Latins les ont appelés Mânes, Génies, Lares, Larves : larves lorsqu'ils étaient malfaisants, lares lorsqu'ils étaient bienveillants et propices (3).

Cette divinisation des morts remonte à la plus haute antiquité. L'étudier chez les différents peuples anciens serait rechercher l'histoire du sentiment religieux chez chacun d'eux (4). Elle était aussi bien en honneur dans l'Inde qu'en Grèce et en Italie, et on en trouve la trace dans les lois de Manou comme dans celles de Solon. Il semble qu'après avoir perdu la notion du vrai Dieu créateur, l'homme, ne gardant plus de la révélation primitive qu'un souvenir altéré, a tout au moins eu en face de la mort l'idée du surnaturel. Séparé de ceux qui lui sont chers par l'inexorable loi de la nature, il s'est refusé à voir dans leur disparition un anéantissement. Tout au contraire, en leur assignant une vie nouvelle et heureuse par delà le tombeau, il s'est donné à lui-même la certitude de les rejoindre un jour, et pour réaliser cet idéal du bonheur parfait, il a inscrit ses ancêtres au nombre des dieux.

---

(1) Plutarque, Vie de Solon, 21 — Cicéron, de Legibus, II, 22.

(2) Cicéron, *id.*, II, 9.

(3) Apulée, de Deo Socratis. — Servius, ad Æneid. III, 63.

(4) Ce sentiment religieux des peuples païens n'a pas son point de départ unique dans le culte des morts. Beaucoup de divinités ne sont que la personnification des éléments : l'air dans Jupiter ; le feu, la lumière, le soleil, dans Apollon ; la terre dans Cérès, etc...

Contrà : Fustel de Coulanges, Cité antique, 9ᵉ édit., liv. 1, ch. 2 in fine, p. 20.

Sur cette pensée irrésistible le paganisme a établi ses religions. Sans doute, les superstitions idolâtriques de la mythologie devaient corrompre les pieux hommages rendus à la cendre des morts ; ces hommages ne sont-ils pas néanmoins la preuve irréfragable de la croyance universelle des peuples à l'immortalité de l'âme, la manifestation de ce besoin d'une autre vie que le Christianisme seul devait pleinement satisfaire ?

4. — Les Romains ont eu très spécialement ce culte de la survivance des esprits. Pour eux, les morts prennent encore part à la vie de famille; ils président à ses joies et à ses tristesses, ils en sont les protecteurs. Ils n'entrent pas moins dans la vie sociale et publique: ils sont conjurés dans les calamités, consultés dans les embarras politiques, et vénérés en tout temps (1). Le signe particulier de ce culte, c'est l'union intime et incessante entre les vivants et les morts. Ceux-ci sont en quelque sorte traités en humains; ils conservent dans la tombe les goûts, la condition, les affections qu'ils ont eus durant leur vie. On se plaisait à disposer l'asile de leurs cendres comme s'ils devaient réellement y passer une nouvelle existence. On y enfermait avec eux les objets dont on supposait qu'ils avaient besoin, des vêtements, des vases : pour un guerrier des armes, pour une femme des parures, pour un enfant des jouets (2). Les tombeaux des riches sont ornés comme la demeure des vivants : rien dans la décoration ne rappelle les idées funèbres ; « ce sont au contraire toutes les délices, toutes les élégances, toutes les joies de la vie, et si l'on ne voyait des urnes cinéraires, des sarcophages parmi ces

____

(1) Porphyre, De abstinentiâ, II, 37. — Horace, Odes, II, 23.
(2) Dezobry, Rome au siècle d'Auguste, 4e édit., t. IV, lettre 101.

riants tableaux, on ne se croirait pas dans un sépulcre » (1).
On y dépose tous les ustensiles nécessaires à la vie ; et la
famille, que la modicité de ses ressources prive d'acheter un mobilier véritable, garnit le tombeau d'objets d'imita-
tion en ayant les apparences.

A certaines époques de l'année, les parents honorent plus
particulièrement leurs morts. Aux Ides de février jusqu'au
neuvième jour des Kalendes de mars, la ville prend un aspect
funèbre. Les temples se ferment (2) ; en signe de deuil, les
magistrats quittent la toge prétexte ; et pendant les huit
premières journées, les citoyens, tout entiers à la douleur et
au souvenir de ceux qui ne sont plus, se préparent à leur rendre les devoirs qui leur sont dus : « *jura manium* » (3). Le
neuvième jour, ils sortent de leurs demeures et vont accomplir
les « parentales » (4), appelées aussi « férales » (5), ou « infé-
ries » (6). Chacun se dirige vers les sépulcres de ses proches,
les orne de feuillage et de fleurs, et, pour apaiser les mânes,
y range un repas funèbre nommé « *silicernium* » (7), composé
de gâteaux, de fruits, de fèves, d'œufs durs, de grains
de sel et de quelques violettes. Le lait et le vin sont
répandus, et pour mieux faire le simulacre de l'of-
frande au mort, un trou est creusé dans la terre. Parfois les
dons sont plus importants, et une victime est immolée (8). Le
mort est invité par des formules consacrées à prendre la pro-

---

(1) Dezobry, *id*.
(2) Ovide, Fastes, II, 562.
(3) Cicéron, de Legibus, II, 21 ; pro Flacco, 38. — Tacite, Hist. II, 95.
(4) Lucrèce, de Naturâ rerum, III, 52. — Virgile, Enéide, VI, 580 ; IX, 214
— Cicéron, 1re Philippique, VI.
(5) Ovide, Fast. II, 569.
(6) Virgile, Enéide, X, 519 ; XI, 80.
(7) Repas de la pierre ou pris sur la pierre. — Servius, in Æneid. V, 92.
(8) Ovide, Fast. II, 533, 541.

vision offerte, à laquelle personne ne peut toucher sans impiété. Le lendemain seulement a lieu le repas entre les vivants, qui profitent de cette circonstance de rapprochement dans les familles pour célébrer la « caristie », la fête de l'amitié et de la réconciliation (1).

5. — Ces rites funèbres, que nous avons cru nécessaire d'esquisser à grands traits, prouvent sans doute à quel point le Romain se préoccupait de la pensée de la mort ; mais ne faut-il pas leur assigner une origine, et ne devraient-ils point être considérés comme les curieux vestiges de croyances primitives auxquelles ils auraient survécu ?

Observons, en effet, que la doctrine de la métempsycose, les opinions sur le Tartare et les Champs-Elysées sont dans le paganisme de date relativement récente. Tout porte à penser que les antiques générations se sont imaginé une seconde existence s'accomplissant sous la terre, dans le tombeau (2). La croyance au rassemblement des âmes séparées de leurs corps dans un séjour unique, recevant récompenses ou peines suivant leurs mérites ou démérites, semble être postérieure. Ce point historique nous paraît confirmé par les coutumes religieuses décrites plus haut ; elles se sont perpétuées dans le langage, sinon dans la réalité, et elles se trouvent certifiées par la plupart des écrivains classiques. « *Sub terrâ censebant reliquam vitam agi mortuorum* », dit Cicéron. Les anciens croyaient que l'être humain, enfermé dans le tombeau, y gardait le sentiment du bien-être et de la souffrance. Puisqu'il est soumis à des besoins nouveaux, obligation est

(1) Ovide, Fast. II, 617. — Bouché-Leclerq, Manuel des institutions romaines, 1886, 6ᵉ partie, ch. II, p. 466.

(2) Mommsen, Histoire romaine, 1863, liv. I, ch. 12, t. I, p. 225. — V. Duruy, Histoire des Romains, 1870. Introduction, t. I, p. 76.

faite aux vivants de les satisfaire. Or le premier de ces besoins est précisément de trouver une demeure permanente, où il passera dans le repos cette seconde existence qui va désormais être la sienne. L'âme, en effet, qui n'a pas rencontré son asile, est condamnée à l'agitation et au malheur. Sous l'apparence de fantôme ou de larve, elle erre éternellement, réclamant sans cesse la sépulture, poursuivant ceux qui la lui ont refusée, les affligeant dans leurs personnes et dans leurs biens. Pour conjurer les efforts de ces ombres malfaisantes (car il y en a toujours par le monde), ce n'était point trop de se ménager le secours des rites religieux. Dans ce but, on célébrait, le 7 des Ides de mai, la fête des « Lémuries ». On rapporte l'institution de cette fête à Romulus, qui l'aurait établie pour apaiser les mânes de son frère : (*Remus, Remuria, Lemuria*). Les morts sont censés reprendre leurs habitudes ; la déesse *Mania*, mère des Mânes, y remplit un emploi grotesque, et la fantaisie populaire se donne libre jeu (1).

6. — Ces diverses coutumes, corroborées par le témoignage de tous les écrivains anciens, prouvent combien était redoutée à Rome la privation de sépulture. C'était en quelque sorte la suprême préoccupation pour un vivant que de préparer un lieu de refuge à ses cendres. Le refuser à quelqu'un, c'était la dernière injure, ou plutôt le dernier châtiment ; nous verrons qu'il était réservé aux parricides et aux plus grands criminels. L'homme qui rencontrait un cadavre avait le devoir de l'inhumer ; autrement il commettait un sacrilège (2) qu'il ne pouvait expier qu'en sacrifiant une truie à Cérès (3). Il

<hr>

(1) Dezobry, op. cit. t. IV, p. 105. — Varron, Ling. lat. v° Mânes, IX, 61.
(2) Sénèque, de Beneficiis, V, 20. — Quintilien, Declamationes, VI, 11.
(3) Cicéron, de Legibus, II, 22.

lui était facile d'ailleurs de s'acquitter de cette tâche, sans accomplir réellement l'inhumation ; il lui suffisait de jeter sur le cadavre un peu de terre à trois reprises différentes (1).

Pour le Romain, la question du bonheur éternel s'agitait donc autour de son tombeau. Sans doute, les honneurs qu'il rendait aux morts peuvent être considérés comme un hommage accordé spécialement à la mémoire du défunt, ou même en général à la condition humaine ; des textes en font foi (2). On peut y voir encore la preuve de la confiance qu'il manifestait dans le renouvellement successif des êtres, et qui lui faisait ne considérer la vie que comme la production de la mort ; idée d'ailleurs assez conforme au génie de ce peuple, et qui, bien que se rapprochant de la théorie de la métempsycose, ne doit pas lui être assimilée. Mais il nous semble qu'il faut avant tout y voir la pensée religieuse que nous avons essayé de mettre en lumière. Toutes les croyances de l'antiquité ont eu pour point de départ le culte des morts. Ils ont été l'objet de la vénération que l'homme rend à la divinité, et, quelle que soit l'opinion définitive que les différents peuples se soient formée sur leur séjour au delà de la tombe, ils ont toujours été rangés dans une sphère supérieure à l'humanité, et considérés comme des êtres sacrés. La preuve la plus évidente de cette sorte d'apothéose est écrite sur les monuments funèbres des anciens ; il n'en est peut-être pas un seul qui ne porte, en tête de toute autre inscription, la dédicace sacramentelle : D. M. ou D. M. S. *Diis Manibus Sacrum.*

Ainsi se trouve justifié, dès les plus anciens âges, ce besoin

(1) Virgile, Enéid. VI, 365. — Horace, Odes, I, 28.
(2) L. 27 D. de conditionibus institutionum.

de l'immortalité, inné chez tous les peuples, plus ou moins
développé suivant leur degré de civilisation, assuré définitivement dans le Christianisme par le dogme fondamental de
la résurrection future. Les lois romaines devaient nécessairement favoriser une croyance qui importait tant au bonheur
des citoyens ; nous allons voir, en effet, de quelles mesures
de protection elles ont entouré leurs sépultures, et nous
avons désormais la clef de la législation exceptionnelle qu'a
inspirée à Rome la religion des tombeaux.

CHAPITRE I.

LE DROIT A LA SÉPULTURE.

7. Double principe général.

7. — Puisque les Romains attachaient de telles conséquences à l'accomplissement des rites funèbres, il était logique que ceux-ci leur fussent facilités par tous les moyens possibles. Etablissons donc de suite le double principe général que toute personne peut recevoir et donner la sépulture.

§ I. — *Toute personne peut recevoir la sépulture.*

8. Universalité de la règle. Elle s'applique même à l'esclave.
9. *Quid* des suppliciés, parricides, ou criminels d'Etat ?
10. Des condamnés à la déportation ?
11. Sépultures différées.
12. Mesures prises contre les créanciers qui retenaient les cadavres de leurs débiteurs.
13. La privation de sépulture contraire aux institutions romaines.

8. — A la règle il n'est fait, comme nous le savons, que de très rares exceptions. Il semble que les Romains aient tremblé d'employer cette arme redoutable : la privation de sépulture. L'esclave lui-même peut prétendre aux honneurs du tombeau : « *Locum in quo servus sepultus est religiosum esse, Aristo ait* » (1). Jusque-là, il ne comptait que comme une chose : en face de la mort, le droit naturel l'emporte sur la ri-

_____
(1) L. 2 pr. D. de religiosis et sumptibus funerum.

gueur du droit civil ; hommage est rendu à la dignité humaine, et l'inégalité sociale prend fin. Toutefois, il n'avait point droit au *sepulchrum privatum* : on l'enterrait le plus souvent dans la fosse commune réservée à la plèbe, et c'était par grande faveur que parfois il pouvait ne pas être jugé indigne des obsèques de l'homme libre (1).

9. — Les corps des suppliciés eux-mêmes recevaient la sépulture. Il n'en fut pas toujours ainsi : dans le principe, on les laissait devenir la pâture des oiseaux de proie, et les pendus restaient attachés au gibet jusqu'à ce que, suivant le mot de Sénèque, « *in sepulturam suam defluant* ». C'était particulièrement le sort réservé aux criminels convaincus de lèse-majesté ou d'attentat contre la sûreté de l'Etat, à tous ceux, en un mot, qui s'étaient rendus coupables du crime de *perduellio*. De leur passage parmi les vivants, il ne devait rester aucune trace, aucun souvenir pour la postérité (2).

Les cadavres des parricides étaient également traités avec une extrême rigueur (3). Cicéron rapporte le texte de la loi des XII Tables qui punissait le coupable : on lui couvrait la tête d'un voile, on l'enfermait dans un sac, et on le jetait dans un cours d'eau. Cette peine fut aggravée par une loi Pompeia qui décidait que le parricide, après avoir été battu de ver-

(1) Rudulphi Fornerii rerum quotidianarum lib. VI, cap. 3, : Otton, Thesaurus juris romani, Leyde, 1747. — Dezobry, Rome au siècle d'Auguste, t. IV, p. 96.

(2). L. 10 § 3, D. de his qui not. inf. — L. 35 de relig. — Suétone, Vespasien, ch. II. — Quintilien, liv. VIII, ch. 5. — Valer. Max. liv. VI, ch. 5. — Tacite, Annales, VI, ch. 29. — Rudulphi Fornerii..., lib. II, cap. 16 : Otton, t. II, p. 177. — Sur le sens et les applications du terme « perduellio » : Maynz, Droit criminel de l'ancienne Rome, Revue historique de Droit français, 1881.

(3) Johannis Solorzani Pereiræ de parricidii crimine disputatio : Otton, t. V, p. 1043. « Dignum est ut qui patris imperium non expectaverunt, priventur « quasi matris gremio, terræ sepulchro. » (Egesippus, liv. III, ch. 17.)

ges jusqu'au sang, devait être enfermé dans un sac de cuir avec un chien, un coq, une vipère et un singe, puis, suivant les circonstances, ou livré aux bêtes, ou jeté à la mer (1). Au temps d'Adrien, ce genre de supplice n'existait plus, ou du moins ne se rencontrait que chez les populations du littoral : les parricides étaient brûlés vifs ou abandonnés aux bêtes (2).

Cette rigueur contre les cadavres des suppliciés fut tempérée peu à peu par les dispositions que nous trouvons au titre *de cadaveribus punitorum* consacré à ce sujet (3). Le même magistrat qui avait ordonné le supplice du criminel pouvait autoriser son inhumation. Auguste, se vante de ne s'y être jamais opposé pendant sa vie (4). Les cadavres étaient donc remis aux parents qui les réclamaient, et seulement s'ils faisaient cette demande, qui d'ailleurs pouvait leur être refusée, particulièrement quand il s'agissait de criminels d'Etat.

10. — Les condamnés à la déportation ou à la rélégation, qui mouraient dans leur exil, n'étaient point inhumés de plein droit sans autorisation ; il fallait, pour les ensevelir et les ramener sur le sol de la patrie, le consentement du prince (5).

Notons ici que lorsqu'un père de famille décédé avait été condamné pour crime de haute trahison, le fisc s'emparait de ses biens, et ses enfants perdaient le *jus sepulcri* (6).

---

(1) Henriot, Mœurs juridiques et judiciaires de l'ancienne Rome, 1865. Attentats contre les personnes. Parricide, t. II, p. 179.

(2) Id. t. III, p. 369, appendice sur le parricide. — Paul Sent., liv. V, tit. 24, § 1.

(3) D. liv. XLVIII, tit. 24.

(4) L. 1, de cadav. punit.

(5) L. 2, D. de cadav. punit. — Marquardi Freheri παρεργω, seu verisimilium, lib. I, cap. 25 : Otton, t. I, p. 896.

(6) L. 1, § 3, D. de suis et legitimis heredibus. — L. 2, ad leg. Jul. Majestat. — Instit. § 5, de hered. quæ ab intest.

11. — Il y avait certains cas où la sépulture, sans être absolument refusée, était temporairement différée. Citons l'hypothèse très spéciale prévue par la loi *Regia* qui s'oppose à l'inhumation d'une femme enceinte avant que l'enfant ait été retiré de son sein (1).

12. — A l'origine, les créanciers, dans la crainte de n'être pas remboursés, et prétendant user de tous les moyens pour faire reconnaître leurs droits, allaient jusqu'à s'emparer du cadavre de leur débiteur, et le retenaient tant que ses parents ne leur consentaient pas une promesse de remplir son obligation ; parfois même ils en arrivaient à mutiler le corps du défunt. Les traces de cette regrettable coutume se retrouvèrent encore sous le Bas-Empire, et des lois spéciales furent édictées pour y mettre fin (2). L'empereur Justin ordonna d'annuler tout ce qui avait été fait avant l'inhumation dans cet ordre d'idées, soit un payement, soit la constitution de gages, soit la prise de cautions et de fidéjusseurs ; il prononçait en outre contre les créanciers trop exigeants une amende de 50 livres d'or, qui pouvait être changée en une peine corporelle par le juge compétent (3). Justinien aggrava encore ces pénalités : il enleva au créancier le bénéfice de l'action qu'il avait contre les héritiers du défunt, et il autorisa ceux-ci à exiger du délinquant une somme égale à celle réclamée par lui ; il le déclara enfin noté d'infamie, et confisqua le tiers de ses biens (4).

(1) L. 2, D. de mort. inferendo.
(2) Gérardi Noodt Opera, 1724. Commentarium Justiniani, liv. XI, t. 7, in fine. — Mgr Baunard, Histoire de saint Ambroise, 1871. Liv. II, chap. III, p. 147.
(3) L. 6, C. de sepulc. violat.
(4) Novelle LX.

13. — En résumé, à part des cas très rares, on ne trouve guère dans la législation romaine d'exemples de privation de sépulture. C'est bien là la conséquence des idées que nous avons précédemment analysées. Le christianisme des premiers siècles lui-même, malgré la ferveur de son esprit de prosély-tisme, recula le plus souvent devant cette peine rigoureuse : il permettait de rendre aux hérétiques et aux manichéens les honneurs funèbres (1).

§ II. — *Toute personne peut donner la sépulture.*

14. Intention d'honorer le défunt.
15. Absence de caractère solennel.
16. Le lieu religieux. Transition.

14. — Ainsi que nous l'avons dit, c'est excellemment un acte pieux ; or le fait de l'opérer a pour conséquence de rendre religieux le terrain dans lequel est déposé le cadavre.

« *Unusquisque sua voluntate facit locum religiosum* » (2). Toutefois, pour qu'il y ait sépulture véritable, il faut qu'elle soit donnée dans le but de rendre les devoirs au mort et d'honorer sa mémoire. Ainsi l'enfouissement fait par des voleurs d'une personne qu'ils auraient assassinée, ne constituerait pas une sépulture (3).

15. — Dans le droit primitif de Rome, pour qu'une chose devînt sacrée, il fallait la volonté du peuple manifestée par une loi ou un sénatus-consulte ; pour rendre un terrain religieux au contraire, il suffisait que la personne chargée des

---

(1) L. 9, C. de hæret. et manich. Cujas a restitué cette constitution qui manquait dans les précédentes éditions. (Recitationes in libros priores. IV codicis tit. V., Cujacii Opera, 1795, t. X, p. 732.)

(2) Instit. § 9 de rer. div.

(3) Ant. Fabri Opera, 1659, Rationalia. de relig. § 4.

funérailles du défunt y inhumât son corps. Il n'y avait donc aucun caractère d'un acte solennel quelconque (1). Dans les provinces, la question aurait pu présenter quelque difficulté : là, en effet, le peuple ou l'empereur sont seuls propriétaires, les particuliers sont considérés comme n'ayant qu'une sorte de possession. Néanmoins, il était décidé que le terrain où l'on déposait un mort était tenu pour religieux, de même que tout ce qui y était consacré sans l'*auctoritas populi romani* n'en était pas moins tenu pour sacré (2).

16. — Cette règle n'a point varié avec les transformations du droit. Dès qu'un lieu a reçu le corps ou les cendres d'un homme, il devient religieux ; la *res religiosa* existe, le sépulcre est constitué (3), et prend l'état juridique dont nous parlerons plus tard. Il faut toutefois que se trouvent remplies certaines conditions dont l'étude va nous fournir l'objet des quatre sections du chapitre suivant.

(1) Keller, Procédure des actions chez les Romains, édit. 1870, § XXIV, note 292.

(2) Gaius, Instit. II, 7. — Beaudoin, Etude sur le jus italicum. Revue historique de droit français, 1881, p. 179.

(3) D. de relig. 1. 2, § 5. — De sepulch. viol. 1. 3, § 2.

CHAPITRE II.

DES CONDITIONS CONSTITUTIVES DU LIEU RELIGIEUX.

SECTION Ire.

Ire Condition : Inhumation réelle.

17. — Le cadavre doit être réellement inhumé dans le lieu de sépulture (1). Il n'est pas nécessaire cependant qu'il y repose tout entier ; par le fait des circonstances, peut-être n'a-t-on pu en conserver ou retrouver que des débris : ainsi

---

(1) Nous prenons ici le mot « inhumation » dans son sens générique, sans distinguer entre l'inhumation proprement dite et la crémation. Ces deux modes de sépulture paraissent avoir existé de tout temps à Rome, et la loi des XII Tables les place au même rang. Le premier, toutefois, était le plus ancien ; le second ne fut

en cas de guerre, de navigation ou d'expédition lointaine.
Lorsque l'usage s'introduisit de brûler les morts, on mit de
côté un os ou un membre, appelé pour cela « *os exceptum, os
resectum* (1) » : cet os était réuni aux cendres et placé avec
elles dans le tombeau. Les prescriptions du rituel se trouvaient ainsi conciliées avec la crémation. Dès lors la sépulture était régulière.

18. — Il peut arriver que le corps soit divisé et déposé
par parties dans différents endroits. Cela résulte de l'effet
du hasard ou d'une combinaison voulue, *casu vel industriâ*,
comme le remarque Van Bynkershoek (2).

Claudien dit à propos du cadavre de Rufinus :

> « ....Jacet, en, qui possidet orbem,
> Exiguæ telluris inops, et pulvere raro
> Per partes tegitur, nusquam totiesque sepultus » (3).

Dans ce cas, il n'y aura qu'un lieu religieux proprement
dit, en vertu du principe qu'une sépulture ne peut se composer de plusieurs sépulcres : « *Una sepultura plura sepulchra
efficere non potest* » (4). Gregorius Haloander et Hugo a

vraiment mis en honneur qu'à l'époque de Sylla qui, au témoignage de Pline,
fut le premier membre de la *gens Cornelia* à l'adopter. (Commentaire de Balduinus sur la loi des XII Tables, chap. XXXI : Heineccius, jurisprudentia romana
et attica, (Leyde, 1738, t. I, p. 119.) Dès lors la crémation fut la coutume presque générale, jusqu'aux jours du christianisme; il n'y avait guère à être inhumés que les enfants morts sans avoir encore de dents et les victimes de la
foudre. Quelques rares familles cependant conservèrent l'antique usage de l'inhumation. Sous l'influence des idées chrétiennes, celle-ci redevint habituelle, et
Macrobe nous apprend qu'au temps de Théodose, la crémation avait entièrement disparu. (Macrobe, Saturnales, liv. VII, chap. 7.)

(1) Cicéron, de legibus, II, 22. — Festus, v° Membrum.
(2) Van Bynkershoek. Leyde, 1767. Observ. juris Romani, liv. I, ch. V
(3) Claudien, in Rufinam, liv. II, v. 451.
(4) D. 1, 44, § 1, de religiosis.

Portâ lisent « *unius sepultura* » (1) ; l'expression présente le même sens, et précise encore davantage la pensée du législateur. « *Una est sepultura quæ unius est,* dit Cujas ; *ut una tutela, quæ unius pupilli ; una noxa, quæ unius servi* » (2).

19. — Mais quel sera le vrai sépulcre ? Celui qui renferme la principale partie du corps, c'est-à-dire la tête, au témoignage de Paul (3). C'est elle en effet dont l'image sert à faire reconnaître la personne ; c'est elle que l'on représente dans les médailles (4) ; c'est elle que l'on reproduit dans les cortèges funèbres pour rappeler le souvenir du défunt (5). « A la tête on distingue la personne, dit un commentateur (6) : « par exemple après le combat, car la nature, par un secret « admirable, nous a donné à chacun un visage différent, qui « nous permet d'être reconnu au milieu de la foule immense « de nos semblables. »

20. — En principe, il n'y a de vraiment religieux que l'endroit même où le mort est inhumé. « *Non totus, qui sepulturæ destinatus est, locus religiosus fit, sed quatenus corpus humatum est* » (l. 2, de relig. D. § 5). Mais, en fait, ce caractère s'applique au terrain qui comprend l'entrée (*aditus*) et le pourtour du sépulcre (*ambitus*), en un mot à l'espace nécessaire à l'accomplissement des rites funèbres. Le plus

(1) Van Bynkershock, *loc. cit.*

(2) Cujas, Comment., liv. III, quæst. Paul. Explic. l. 44, D. de relig. Œuvres, t. V, p. 907.

(3) D. l. 44, de relig.

(4) Pothier. Pandectes, l. 44, de relig. — Cujas, *loc. cit.*

(5) Cujas, Comment. Papin. liv. III. Explic. l. 73, de contrah. empt. Œuvres, t. IV, p. 873.

(6) Henricus à Suerin. Repetitæ lectiones juris, ch. II : Otton, Thesaurus, t. IV, p. 7.

souvent d'ailleurs, cet espace était entouré de murs, et l'inscription du sépulcre en délimitait la superficie, par exemple : « IN . FR . P . X . IN . AGR . P . XX . » *In frontem* (en longueur) dix pieds : *In agrum* (en profondeur) vingt pieds (1).

21. — La délimitation était habituellement faite par le défunt lui-même :

> Mille pedes in fronte, trecentos cippus in agrum
> Hic dabat, heredes monumentum ne sequeretur (2).

Certains auteurs en ont conclu qu'il fallait avant tout savoir si le testateur avait ou n'avait pas exprimé sa volonté à ce sujet (3). A-t-il lui-même délimité le terrain que doit occuper sa sépulture ? Tout l'espace désigné deviendra religieux, car : « *unusquisque sua voluntate facit locum religiosum* » (§ 9, *Inst. de rer. div.*). — S'est-il au contraire abstenu de faire cette désignation ? Le terrain immédiatement en contact avec le cadavre sera seul religieux : « *quatenus corpus humatum est* ». — A défaut du testateur, la personne qui inhume pourrait-elle faire cette délimitation elle-même ? Après hésitation, A. Faber lui refuse ce droit : de même, ajoute-t-il, que les biens vacants appartiennent au premier

______

(1) « La dimension des enclos funéraires variait à l'infini. Depuis les plus petits, formant des carrés de 12 ou de 16 pieds, jusqu'à ceux qui se mesuraient par plusieurs arpents et formaient de véritables parcs (Orelli, 4349,4369,4371), il y en avait de toutes les grandeurs et de toutes les formes. Il semble que 30 pieds carrés était la dimension moyenne ; Cicéron propose qu'un terrain de cette étendue soit assigné, aux frais de l'État, pour la sépulture de Servius Sulpicius Rufus, mort au service de la République. Philipp. IX, 7. — Paul Allard. Histoire des persécutions pendant la première moitié du IIIe siècle. 1886, Appendice, p. 444.

(2) Horace, liv. I. Satir. 8.

(3) A. Faber, Rationalia, de relig. § 1. — Paganinus Gaudentius. Juridicæ expositiones, liv. I, ch. XV : Otton, Thesaurus, t. III, p. 356.

occupant, ainsi le corps du défunt fait sien l'emplacement seul où il est déposé.

D'autres auteurs ne font point la distinction que nous venons d'indiquer, et interprètent en toutes hypothèses le texte de la loi 2, § 5, *de religiosis*, dans le sens le plus strict (1).

Nous pensons, quant à nous, qu'on ne doit pas lui donner une telle rigueur (2). S'il en était ainsi, lorsque l'usage de la crémation fut établi à Rome, il n'y aurait eu de religieux dans le sépulcre que la très petite partie du sol sur laquelle repose l'urne funéraire. Sans doute, c'est bien là le lieu religieux proprement dit ; mais par extension il faut considérer comme tel le terrain environnant. Les textes eux-mêmes le prouvent, puisqu'ils attachent le caractère sacré non seulement à la terre qui reçoit le cadavre, mais au monument qui le recouvre. L'édifice, ainsi que nous le verrons, fait corps avec elle ; et tout ce qui a été employé pour sa construction suit la condition religieuse du sol (3). En dehors des limites du sépulcre, la propriété demeure profane et libre, et il ne faut point confondre avec le lieu de la sépulture

(1) Cujas, Comment. liv. III, quæst. Pauli, 1. 40 de relig. t. V, p. 903. — Brissonius, Select. antiq. Leyde, 1749, lib. II, c. 15. — Kirckmann, l. III, de funeribus rom. c. 24.

(2) Doneau, Jus civ. Rome, 1828, liv. IV, ch. I, n° 25.

(3) Nous ne saurions admettre l'opinion qui suppose qu'au moyen d'une cérémonie accessoire et spéciale, le caractère religieux pouvait être appliqué à l'immeuble tout entier. Pour faire d'un *locus* déjà *religiosus*, un *locus sacer*, il aurait fallu, suivant cette opinion, dédier le tombeau à quelqu'une des divinités supérieures, telle que Diane, Vénus, Cybèle, etc. (Orelli, 4456, 4157, 4584, 4588), le mettre en quelque sorte sous un patronage plus haut que celui des dieux mânes. Cette consécration du lieu funéraire, impliquant l'intervention directe des pontifes, ne paraît point avoir été pratiquée ; elle eût tout au moins été inutile, car il était facile d'assurer, par dispositions testamentaires, l'inviolabilité à toutes les dépendances d'un sépulcre. En outre, il nous semble impossible d'établir là une différence entre les expressions *locus religiosus* et *locus sacer*, qui, comme nous le verrons (n° 29), sont habituellement prises dans le même sens. — (Paul Allard, op. cit. p. 460.)

le terrain qui lui est contigu. « *Agrum purum monumento cohærentem profani juris esse ; ideoque efficaciter venundari, non est opinionis incertæ* » (1).

22. — L'inhumation étant nécessaire pour qu'un lieu devienne religieux, nous devons en conclure que l'édifice où les restes d'un mort n'ont pas été déposés n'est point un sépulcre. Il faut n'y voir qu'un simple monument. Disons donc que si, dans un sens général, tout sépulcre est un monument, à l'inverse, dans un sens restreint et juridique, tout monument n'est pas un sépulcre.

Le monument peut être destiné à recevoir plus tard un cadavre ; ce sera un tombeau dans lequel personne n'a encore été enterré et qui deviendra sépulcre après l'inhumation. Ce peut aussi être un sépulcre ancien d'où l'on a enlevé la dépouille qu'il renfermait.

23. — Tout autre est le genre de monument appelé cénotaphe. Celui-ci n'est point destiné à la sépulture ; il est seulement élevé pour honorer la mémoire du défunt. C'est l'« *inane sepulcrum* », le « *nudus tumulus honorarius* » (2), le « Ψευδοταφιον » (3), des Grecs, le « *monumentum memoriæ causa positum* » (4).

On voit par là que si souvent les deux expressions de monument et de cénotaphe sont prises l'une pour l'autre, elles ne doivent cependant pas avoir la même signification, malgré l'opinion contraire de certains auteurs (5). Le monument

(1) L. 9, C. de relig.
(2) Suétone. Claude. I.
(3) Philostrate, de vit. Apoll., VIII, 13. — J. Lipsius, Opera, 1613. Ad. lib. III. Annal. Tacit.
(4) L. 42, D. de religiosis.
(5) A. Faber, Rationalia, de relig. § 4.

peut devenir ou a été sépulcre ; le cénotaphe ne l'a jamais été et ne le deviendra pas.

24. — Distinguons deux sortes de cénotaphes :

1° Le cénotaphe élevé dans le but unique d'honorer le défunt. Ses restes reposent ailleurs, dans le vrai sépulcre ; l'édifice est seulement érigé pour transmettre sa mémoire à la postérité. Ainsi fait-on souvent pour les personnages illustres, les empereurs, les hommes qui ont bien mérité de la patrie. Parfois la construction est ordonnée par un décret, et faite avec les deniers de l'Etat. C'est alors une dette glorieuse qui s'impose à la reconnaissance publique : « *munus gloriæ* », dit Cicéron (1).

2° Le cénotaphe élevé dans le but de remplir un devoir de piété. Nous savons que les croyances romaines n'admettaient le repos éternel pour le défunt qu'après l'accomplissement de la *justa sepultura*. Or il pouvait se faire que la dépouille fût perdue, ou tout au moins ne fût pas encore retrouvée. C'est ce qui arrivait, par exemple, lorsque l'individu était mort à la guerre, ou à l'étranger, ou dans un naufrage :

> « Et laceras nuper tabulas in littore vidi,
> « Et sæpe in tumulis sine corpore nomina legi (2).

Alors le cénotaphe pouvait en quelque sorte tenir lieu de sépulcre. L'âme du mort n'était plus errante : sa mémoire était honorée et sa famille cessait d'être condamnée à demeurer « *funesta* ».

25. — Mais faut-il en conclure que le monument ainsi

(1) Cicéron, Philipp. XIV, 13.
(2) Ovide, Métamorph. liv. XI, v. 428.

érigé était, au point de vue juridique, assimilé au sépulcre, et que, comme lui, il devenait lieu religieux?

La question divisa à Rome les deux jurisconsultes Marcien et Ulpien. Le premier prétendait que le cénotaphe était *res religiosa*, et s'autorisait du passage suivant de Virgile :

> Hectoris ad tumulum, viridi quem cespite inanem,
> Et geminas, causam lacrymis, sacraverat aras (1).

« *Cenotaphium quoque magis placet locum esse religiosum, sicut testis in ea re Virgilius* » (l. 6, § 5, D. *de div. rer.*). — Ce texte est tiré de son livre III *Institutionum* qui traite *ex professo* de la division des choses, des lieux religieux, de la distinction entre les sépulcres et les cénotaphes, ainsi qu'en font foi plusieurs lois extraites de ce livre, par exemple les lois 2, 4, 6, D. *de div. rer.*, 39 *de religiosis*, 7 *de sepulchr. violat.*

Le second soutenait au contraire que le cénotaphe n'était point un lieu religieux, et s'appuyait sur l'autorité assurément décisive d'un rescrit des empereurs Marc-Aurèle et Verus. Nous trouvons son assertion formulée dans deux passages de son livre XXV *ad Edictum.* Dans l'un (l. 7, D. *de div. rerum*) il relate seulement le rescrit des empereurs ; dans l'autre (l. 6, § 1, D. *de relig.*) il ajoute son opinion personnelle et déclare expressément que le cénotaphe peut faire l'objet d'une vente, puisqu'il n'est pas religieux : « *Si cenotaphium sit, posse hoc venire dicendum est* ».

Justinien, dans la rédaction du titre *de divisione rerum* du Digeste, mentionne les opinions contraires des deux jurisconsultes et déclare la question forcément tranchée dans le sens d'Ulpien par le rescrit de Marc-Aurèle.

---

(1) Enéide, liv. III, v. 601.

26. — Les commentateurs se sont demandé comment, en présence de ce rescrit, Marcien avait pu soutenir que le cénotaphe était un lieu religieux.

Pour expliquer le fait, certains ont supposé que le jurisconsulte vivait antérieurement aux empereurs (1), sous Antonin le Pieux. C'est une erreur historique. Nous savons qu'il était contemporain d'Alexandre Sévère auquel il a survécu, qu'il commenta certains passages de Papinien, et par conséquent écrivit longtemps après Marc-Aurèle.

D'autres ont dit qu'il pouvait ne pas avoir eu connaissance de cette décision. Suivant eux, cette ignorance n'aurait rien eu de surprenant en raison du nombre prodigieux de rescrits rendus à cette époque. C'était, en effet, le temps dont parle Tertullien, où « *totam illam veterem et squalentem silvam legum novis Principalium rescriptorum et edictorum securibus truncabant et cædebant* » (2).

Ils constatent dans diverses circonstances un défaut de savoir analogue, très excusable à leurs yeux, chez plusieurs jurisconsultes de cette période du droit (3).

Cet oubli des textes nous semble difficile à admettre de la part de Marcien, d'autant plus qu'il lui arrive souvent dans ses œuvres de citer des édits de Marc-Aurèle et de Verus. Nous en trouvons même la preuve dans ce livre III *Institutionum* d'où sont tirés les passages qui nous occupent, par exemple la loi 39, D. *de reiigiosis.*

Afin de concilier les textes d'Ulpien et de Marcien, plusieurs autres explications ont été présentées par nombre de commentateurs, et l'un d'eux, Godefroy, a fait de cette question

(1) Doneau, Comment. 8, I, n° 4.
(2) Van Bynkershoek. Observat. juris rom. liv. I, ch. 5.
(3) Cujas, Comment. l. 10 pr. D. de pact. ; sur la loi 53, § 1. D. Mandat.

l'objet spécial d'une dissertation complète (1). Examinons quelques-uns des systèmes proposés.

27. — 1° Rejetons d'abord celui qui distingue, suivant que le cénotaphe est debout ou a été détruit. Marcien, d'après ce système, n'aurait eu en vue que la seconde hypothèse. On ne trouve trace de cette distinction, ni dans Ulpien ou Marcien, ni ailleurs. Nous savons, du reste, qu'une fois la condition religieuse attachée au terrain, peu importe que l'édifice subsiste ou non. Si donc le cénotaphe était religieux dès le principe, il devrait l'être encore après sa destruction.

28. — 2° Le système suivant ne paraît pas plus soutenable ; il repose sur une correction de textes.

On attribuerait la loi 7, D. *de rer. div.*, non pas à Ulpien, mais à Marcien, auteur de la loi 6 qui précède. Mais cette loi 7 est considérée comme due à Ulpien dans toutes les éditions du Digeste, particulièrement dans la Florentine. Au demeurant, si elle était du même auteur que la precédente, elle aurait pris corps avec elle, car elle n'en est que la rectification ; elles se présenteraient toutes deux sous le même texte. Objectera-t-on que les lois 7, D. *de rer. div.* et 6, § 1, *de religiosis*, se rapportent au même ordre d'idées ? Sans doute, et cela n'a rien d'étonnant, puisqu'elles figurent dans des titres différents. Remarquons toutefois qu'elles ne sont pas absolument semblables. Tribonien, dans sa rédaction, a fait là comme dans maints endroits du Digeste : il s'est montré plus explicite dans la loi 6, § 1, *de relig.* que dans la loi 7 *de div. rer.*

29. — 3° D'après un autre système, dont Alciat, semble-t-il, a eu la première idée, les textes en question viseraient deux

____

(1) Jacobus Gothofredus, Opera juridica. Leyde, 1733. Diatriba de Cenotaphio.

espèces différentes de cénotaphes (1). Marcien parlerait du cénotaphe dont il s'agit dans le passage de Virgile, cénotaphe placé « *ad geminas aras* », consacré par cela même, et constituant un véritable lieu religieux. Les empereurs Marc-Aurèle et Verus, au contraire, et Ulpien après eux, s'occuperaient du cénotaphe vulgaire, élevé, par exemple, à la mémoire d'une personne morte à l'étranger. Pour expliquer cette divergence de points de vue, les uns rejettent la faute sur Marcien, les autres sur Tribonien quand il rédigea le Digeste. Les premiers accusent Marcien d'avoir étendu au droit commun l'hypothèse très spéciale dont il est question dans Virgile, celle d'un cénotaphe placé dans un lieu déjà consacré, et d'en avoir tiré cette fausse conséquence générale que tout cénotaphe est lieu religieux. Les seconds reprochent à Tribonien seul de n'avoir pas fait ressortir dans sa rédaction que l'opinion de Marcien se restreignait au cas particulier d'un monument ayant tous les caractères apparents d'un vrai sépulcre.

Disons encore que cette interprétation n'est point satisfaisante. Sans prendre parti pour Marcien ou pour Tribonien, avouons qu'il est difficile d'établir une distinction dans les cénotaphes élevés *pietatis causâ* ; comment reconnaître ceux qui seraient déjà religieux de ceux qui seraient profanes ? Où trouver le germe d'une telle classification ? Ajoutons d'ailleurs que l'opinion de Marcien, telle qu'elle nous est présentée, ne nous semble pas admissible. En effet, de ce qu'un cénotaphe est élevé dans un lieu sacré, auprès de deux autels, comme dans Virgile, il ne s'ensuit pas, croyons-nous, qu'il devienne religieux. Il y a une différence à faire entre un tombeau religieux par lui-même et un tombeau renfermé dans un lieu

<hr>

(1) Scipionis Gentilis Parergorum ad Pandectas, lib. II., c. 16 ; Otton, Thes., t. IV, p. 1834.

sacré. Le cénotaphe d'Hector pouvait être sacré, comme étant érigé dans un *lucus*, mais nullement religieux, puisqu'il ne renfermait pas la dépouille du héros (1). Allons plus loin : si la distinction dont nous parlons était vraiment dans la pensée de Marcien, il nous paraîtrait avoir d'autant plus mal choisi son exemple qu'il aurait pris au pied de la lettre les expressions de Virgile : « *sacraverat aras* ». Il faut en effet se rappeler qu'aucune personne ne peut, de son autorité privée, consacrer un objet quelconque ; Virgile n'entendait point dans ses vers déroger à cette règle absolue. Andromaque, en élevant les deux autels, accomplissait simplement un vœu, un acte religieux, mais elle ne les consacrait point elle-même, n'en ayant pas le pouvoir. Les termes de *sacrata, sacra, consecrata, religiosa* sont souvent pris indifféremment les uns pour les autres, non seulement chez les poètes, mais chez les jurisconsultes. Marcien, dans notre cas, aurait donné au mot « *sacrare* » un sens trop exclusif.

30. — 4° Cherchons dans un autre ordre d'idées une explication plus plausible. L'influence exercée sur le droit à Rome par les littérateurs et les poètes était considérable; Homère et Virgile en particulier étaient fréquemment appelés en témoignage. Sans doute ils ne faisaient point autorité absolue dans la science juridique, mais leurs assertions étaient l'écho de la tradition, et par cela même avaient une importante valeur auprès des jurisconsultes. Dans l'hypothèse qui nous occupe, Marcien, en citant Virgile, n'a point la prétention de le donner comme un interprète du droit civil ; il constate seulement les coutumes et usages rapportés par lui. Ce n'est point, du reste, le

---

(1) Paganinus Gaudentius, Juridicæ expositiones, liv. I, cb. XVI : Otton, Thes., t. III, p. 357.

seul passage du poète sur ce sujet (1). Or, d'après les usages vraiment passés dans les mœurs, le cénotaphe avait tellement de points de ressemblance avec le sépulcre, qu'en réalité le droit pontifical ne les distinguait point. C'étaient les mêmes cérémonies accomplies, les mêmes paroles prononcées, les mêmes effets produits. En présence du cénotaphe comme en présence du sépulcre, les mânes étaient évoqués, les libations répandues, les sacrifices offerts; après quoi, les ombres étaient délivrées des enfers. D'après le droit pontifical encore, on jetait de la terre sur le cénotaphe, comme si le corps était réellement présent, et les conséquences étaient les mêmes que s'il s'agissait d'une *justa sepultura*.

Cette assimilation étant si complète, il ne faut pas s'étonner que certains auteurs aient considéré le cénotaphe comme religieux et aient fait passer dans le droit usuel les règles et usages du droit pontifical. Objectera-t-on, d'après la loi 44 *de Relig.*, qu'il ne peut y avoir plusieurs sépulcres pour une même sépulture? Mais, dans notre espèce, qui est celle d'un monument érigé *pietatis causâ*, il n'y a même pas de sépulture, puisqu'il est élevé à la mémoire d'une personne dont le corps n'a pas été retrouvé. On ne peut, d'autre part, nous opposer le rescrit des princes. Leur décision n'a que la portée restreinte de celles rendues sous cette forme ; autre chose serait si elle faisait l'objet d'une constitution ou d'un édit : présentée dans un rescrit, la question ne concerne qu'un cas particulier, elle n'est pas tranchée d'une manière générale, et les jurisconsultes à venir étaient encore libres de la discuter.

Marcien opta pour le système qui décidait en faveur de la religion et devait par là même plaire aux théologiens. Ulpien

---

(1) Cf. Enéide, liv. VI, v. 374 et 505 ; liv. IX, v. 213.

référa l'opinion contraire, se fondant sur les règles strictes
du droit civil ; et Tribonien, ayant à se prononcer en rédigeant
le Digeste, prit parti pour Ulpien.

31. — D'après une opinion isolée, que nous relatons sous
toutes réserves, il faudrait regarder comme religieux les monuments élevés en l'honneur des hommes illustres, particulièrement des héros, en un mot des personnages en dehors du commun de l'humanité. Si leur dépouille était inhumée en différents
endroits, on pourrait concevoir, suivant le même auteur (1),
que chaque lieu devînt religieux. Ainsi le tronc de Pompée
ayant été enterré sur le rivage et sa tête ailleurs, les deux
tombeaux auraient été également religieux. Nous tenons cet
avis comme fort sujet à caution ; le jurisconsulte ajoute d'ailleurs que le cas lui paraît exceptionnel.

32. — Dans un sens absolument étranger à celui que nous
venons d'étudier, on trouve parfois l'expression « *monumentum* » comme synonyme de « *munimentum sepulcri,* » et on
comprend ainsi les ouvrages destinés à protéger le sépulcre,
les galeries ou murailles établies à une certaine distance du
fonds contigu (2).

Consignons en même temps deux sens très spéciaux du
mot cénotaphe. Chez certains auteurs grecs, ce nom est donné
aux images ou représentations des morts, et surtout des
rois défunts. (3). Enfin les pythagoriciens appelaient ainsi les
monuments qu'ils élevaient comme à des morts à ceux qui
avaient abandonné l'étude de la philosophie (4).

(1) Paganinus Gaudentius, loc. cit.
(2) Cujas, Comment. liv. X, quæst. Pap. explic. l. pacta conventa. Op. t. IV,
p. 236.
(3) Gothofredus. De cenatophio, op. cit.
(4) Clément d'Alexandrie. Stromatum, lib. V.

SECTION II.

2ᵐᵉ Condition: Inhumation faite à perpétuelle demeure.

33. Intention de perpétuité.
34. Effet de la sépulture provisoire.
35. Le caractère religieux une fois imprimé est en principe indélébile.

33. — La sépulture a pour but de donner au mort une demeure éternelle ; en descendant au tombeau, il doit être assuré d'y trouver le repos, et de ne pas être troublé dans sa quiétude. Le vrai sépulcre est par conséquent établi en vue d'une destination permanente ; c'est une condition nécessaire pour qu'il ait le caractère religieux. Celui qui fera l'inhumation aura donc le devoir d'y attacher cette perpétuité : ce sera toujours pour lui une question d'intention. Tel en effet peut déposer un cadavre dans un mausolée somptueux ayant toutes les apparences d'une sépulture régulière, mais s'il ne compte pas l'y laisser à perpétuelle demeure, le lieu restera néanmoins profane. Tel autre au contraire inhumera dans un simple sarcophage portatif, et cependant fera une sépulture religieuse, s'il a l'intention de ne point en retirer le corps (1).

34. — L'inhumation provisoire d'un cadavre que l'on compte transporter ailleurs laisse donc au terrain son caractère profane (2). Ce n'est pas une sépulture : c'est un dépôt temporaire qualifié habituellement des expressions *commendare, deponere.*

(1) Rudulphi Fornerii rerum quotidianarum, lib. III, ch. VI : Otton, t. II, p. 260.

(2) L. 40. D. de relig. — L. 10, C. cod. tit. — L. 3, § 4, D. de sepulch. violat — Basiliques, liv. LIX, tit. I, ch. X.

35. — Le caractère religieux, une fois attaché au lieu de sépulture, ne pourra se perdre : nous pouvons à la vérité dire du sépulcre ce que disent les textes d'un édifice sacré en général, qu'aucune force extérieure, ni l'action du temps, ni un tremblement de terre, ne lui enlèveront sa condition (1). Comme nous venons de le remarquer, il en sera de même de l'*arcula* (l. 39, D. *de relig*)., tombeau habituel des pauvres et des gens de la plèbe, de ce modeste sarcophage, ainsi nommé, dit Cujas (2) d'après le témoignage de Pline et de Sénèque (3), parce qu'il était fait avec une pierre d'Asie qui avait la propriété de réduire rapidement les corps à l'état de squelettes.

N'allons pas toutefois conclure de ce qui précède que le caractère religieux ne puisse jamais être enlevé à un lieu de sépulture. Ce que la volonté a produit, la même volonté peut le détruire ; mais nous verrons, en parlant de la translation de sépulture, qu'il faut pour cela une raison sérieuse et l'autorisation du pouvoir.

SECTION III.

3ᵐᵉ Condition : Inhumation faite conformément au Droit.

36. — Respect du droit des tiers.

36. — Dans ces termes généraux nous voulons exprimer cette idée que la sépulture ne doit en rien léser les droits acquis à des tiers. Sans doute, il peut se faire qu'accidentelle-

(1) L. 73 pr. D. de contrah. empt. — Instit. § 8 in fine, de div. rerum.
(2) Cujas, Observ. liv. XXI, ch. XIII.
(3) V. aussi Lucain, liv. VIII, v. 736 ; — Horace, Sat. 1. 8.

ment ces droits s'effacent devant le haut intérêt religieux en question (*favor religionis*). Mais là n'est point le cas habituel ; à l'ordinaire cet intérêt doit respecter les prérogatives indiscutables de la propriété d'autrui. Pour que le lieu devienne religieux, il faut donc que l'auteur de l'inhumation ait vraiment le pouvoir de la faire sans trouver obstacle dans des droits contraires, et que son droit personnel d'inhumer ne soit pas susceptible d'être mis en doute, comme il arrive dans certaines hypothèses que nous allons bientôt envisager. En principe, lorsque rien ne s'y oppose, tout terrain, nous le savons, peut devenir lieu de sépulture. Distinguons néanmoins, suivant qu'il est ou n'est pas la propriété du défunt, et examinons successivement les deux cas.

ARTICLE I.

Inhumation faite dans un terrain appartenant au défunt.

Cette inhumation sera faite par l'héritier ou par toute autre personne.

§ I. — *Par l'héritier.*

37. Le terrain est choisi soit par le défunt, soit par l'héritier.
38. L'inhumation pratiquée par ce dernier avant l'adition d'hérédité n'implique pas acceptation de sa part.
39. L'héritier peut établir la sépulture à son choix, même sur un terrain faisant l'objet d'un legs, et dans quelles circonstances.
40. Dans ce cas, indemnité est-elle due au légataire ? Distinction.
41. Montant de cette indemnité.
42. Le légataire l'obtient par l'*actio utilis ex testamento*.

37. — C'est l'hypothèse la plus normale et la plus fréquente. Le défunt aura manifesté sa volonté par testament ou de toute autre manière, et indiqué lui-même le fonds qu'il destine à devenir son lieu de repos. Cette déclaration concorde très bien avec l'idée que le mort est propriétaire de sa sépulture; il détermine à son choix, et s'assure, parmi les biens qu'il possède, une demeure éternelle dont il aura la propriété aussi inviolable que pendant sa vie. Le lieu de l'inhumation d'un mort, dit la loi 4, D. *de Relig.*, est censé naturellement lui appartenir, surtout s'il l'a choisi lui-même pour sa sépulture.

38. — Mais il n'est pas nécessaire que ce choix ait été fait par lui ; l'héritier, continuateur de sa personne, y suppléera, qu'il soit investi ou non de la succession. En procédant à cette inhumation avant l'adition d'hérédité, il ne faut pas croire que celui-ci fasse acte d'héritier, et qu'il renonce par là à délibérer pour savoir s'il acceptera la succession. On ne peut induire de ce fait l'acceptation de l'hérédité : les textes le disent formellement (1). Néanmoins, pour plus de sûreté et pour se prémunir contre l'accusation de s'être immiscé dans la succession, quand ce n'était pas son intention, l'héritier a l'habitude de déclarer devant témoins qu'il agit uniquement *pietatis aut custodiæ causâ*, et de réserver ainsi expressément sa liberté (2).

39. — L'héritier choisira à son gré parmi les biens de la succession le lieu de sépulture du défunt ; il peut même l'établir sur un terrain dont ce dernier aurait par testament légué la propriété ou l'usufruit. Il faut toutefois pour cela qu'il y ait impossibilité d'inhumer ailleurs, ou tout au moins que le lieu en question se trouve dans des conditions exceptionnellement favorables pour devenir sépulcre.

(1) D. 1. 4. l. 14, § 8, de relig.
(2) D. 1. 14, § 8, de relig., l. 20, § 1 ; de acquir. vel omitt. hered.

40. — L'héritier ne sera donc pas arrêté par les termes du testament ; mais devra-t-il indemniser le légataire ? Distinguons. Non, si le défunt a déclaré lui-même vouloir être enterré dans cet endroit, auquel cas le légataire devra supporter la sépulture comme une condition de son legs, et ne peut rien réclamer ; oui, si l'héritier fait l'inhumation de son propre mouvement, mais seulement jusqu'à concurrence des ressources qu'il trouvera dans la succession. Il serait injuste, en effet, que cette charge lui devînt personnelle (1).

41. — Quel sera le montant de l'indemnité ? — Il faudra donner au légataire du fonds de terre « *totum pretium* », dit le texte (2), tout le prix d'estimation de la portion de terrain employée à la sépulture ; par suite de l'inhumation en effet, sa valeur est perdue, et le fait, dit justement Papinien, équivaut à une aliénation. Si c'est un légataire d'usufruit, nous dirons par analogie qu'il faut lui payer la valeur d'usufruit du terrain que comprend le sépulcre, et nous entendrons ainsi les expressions de la loi 46 pr. D. *de relig.* : « *gratificationis locus erit* », car il doit être indemnisé « *ad id quod interest* », c'est-à-dire dans la juste mesure de la perte qu'il subit.

42. — Pour obtenir l'indemnité due, le légataire aura contre l'héritier, dit notre loi 66, § 4, D. *de legatis* II, l'action *ex testamento*. C'est un des cas où, après la délivrance du legs, cette action subsiste (3) : elle peut être exercée tant que le legs n'a pas été reçu dans son intégrité.

Les termes de cette loi ne sont pas absolument exacts ; ce

(1) D. 1. 4 in fine, de relig. ; de legatis I, 1. 33, § 7.
(2) D. de legatis, II, 1. 66, § 4.
(3) On trouve au Digeste quelques hypothèses analogues où l'action *ex testamento* est maintenue après la délivrance du legs, p. ex. : 1. 84, § 4, de legat. 1 ; 1. 27 de solutionibus ; 1. 12 de auro, argento, mundo, etc.

n'est point l'action *ex testamento* qui est accordée, mais bien l'action *utilis ex testamento*, ainsi que le témoigne la loi 46 pr. **D.** *de relig.* Par l'action directe, en effet, on obtient l'objet même du legs; or, dans notre espèce, cet objet est le terrain légué, et non pas l'indemnité, dont le testament ne fait point mention. L'action utile, au contraire, tend à réclamer l'estimation de l'objet, ce qui est précisément notre cas. Toute action utile étant une action *in factum*, elle figurera parfois sous cette dénomination dans les textes. Nous citerons en exemple la loi 63, **D.** *de legatis* II, qui, loin de contredire cette théorie, comme on l'a prétendu, ne fait que la confirmer. Cette loi vise le cas où l'héritier aurait employé de bonne foi, pour les funérailles du défunt, une chose qu'il ignorait être léguée par ce dernier (un vêtement, par exemple) ; elle refuse au légataire l'action *ad exhibendum*, et lui donne seulement contre l'héritier une action *in factum* pour se faire indemniser. Cette action *in factum* est précisément l'action *utilis ex testamento* dont nous venons de parler (1).

§ II. — *Par toute autre personne.*

43. Cas d'application.

43. — On conçoit qu'un lieu devienne religieux lors même que le défunt y aurait été inhumé par les soins de tout autre que de son héritier (2). Celui-ci est peut-être absent ou empêché ; peut-être n'a-t-il pas voulu s'acquitter de ce devoir, par crainte de sembler faire adition d'hérédité, bien qu'il puisse déclarer formellement qu'il n'entend point par cet acte s'engager; peut-être enfin n'est-il point connu ou

(1) Cujas, Quæst. Papin. Comment. l. 66, § 4, de leg. II. Op., t. IV, p. 411.
(2) D. l. 4, de relig.

n'existe-t-il pas. Il arrivera donc souvent qu'un mort sera enterré avant que personne ne se soit porté son héritier, et nous savons que c'est une obligation morale pour tout Romain de remplir ce pieux office 1).

ARTICLE II.

Inhumation faite dans un terrain appartenant à une autre personne que le défunt.

44. Division.

44. — Nous ne sommes plus sur la propriété du défunt. Nous envisageons l'hypothèse générale où une personne quelconque veut établir sur son propre domaine un lieu de sépulture. Trois ordres d'idées vont sur ce sujet se présenter à nos considérations :

1° Pour constituer un sépulcre, l'auteur de l'inhumation doit avoir sur le terrain qu'il destine à cet effet le droit de propriété dans toute son étendue. Il faut qu'il en soit le maître absolu, qu'il puisse lui donner une destination nouvelle, que son droit ne trouve pas d'obstacle dans le droit d'un tiers.

2° Etant donné qu'il ait réellement le droit de propriété, il peut le déléguer, c'est-à-dire donner à une autre personne l'ordre ou l'autorisation d'inhumer sur son terrain. C'est la conséquence logique de sa condition de propriétaire.

3° Enfin, si sa bonne foi a été surprise, ou si l'inhumation a été faite malgré lui, il doit avoir à sa disposition des moyens légaux de sauvegarder son droit.

Entrons dans le détail de ces trois propositions.

(1) V. suprà, n° 6.

§ Ier. — *L'auteur de l'inhumation doit être propriétaire absolu.*

45. Ceux qui n'ont pas le droit entier de propriété sur le terrain sont, en principe, exclus du droit d'inhumer.
46. *A.* Un simple usufruitier.
47. *B.* Un simple nu-propriétaire.
48. *C.* Un légataire et un héritier en présence d'un legs conditionnel.
49. *D.* Le propriétaire d'un terrain grevé d'une servitude prédiale.
50. *E.* Le propriétaire qui a donné en gage son terrain, ou l'a hypothéqué.
51. Exception générale en faveur du propriétaire et de sa famille.
52. *F.* Un propriétaire indivis. Distinction suivant qu'il s'agit de sa sépulture personnelle ou de celle d'un étranger.

45. — Ce droit de propriété doit être sans limites et sans partage. Par suite, toute une série d'individus que nous allons passer en revue, se trouvent dans l'impossibilité d'inhumer, parce qu'ils ne possèdent pas ce droit dans son entier. En même temps que nous nous en rendrons compte, nous verrons qu'au principe rigoureux que nous venons d'énoncer, un tempérament est apporté par l'intérêt religieux qui doit tout dominer, cette *summa ratio* dont parle Papinien (1). Nous remarquerons enfin que la *favor religionis* se manifeste surtout et justement envers le testateur dont la personne qui inhume tient son droit de propriété.

Examinons le cas de ces diverses personnes. Ne peuvent rendre un terrain religieux par une inhumation :

46. — *A.* Un simple usufruitier

« *Si usumfructum quis habeat, locum religiosum non facit* » (2). Par nature, en effet, l'usufruit porte sur une *res aliena*

____

(1) D. 1. 43, de relig.
(2) D. 1. 2, § 7, de relig.

et ne confère que le *jus utendi* et le *jus fruendi*. Il ne comporte pas le *jus abutendi*, le droit de disposer de la chose, de l'aliéner, de la faire sortir du commerce ; il ne subsiste que *salvâ rerum substantiâ :* toutes conditions incompatibles avec le droit d'inhumer. L'usufruitier est un simple détenteur tenu de restituer la chose ; l'auteur de l'inhumation doit être propriétaire. Mais si le nu-propriétaire donne son consentement à la sépulture, rien n'y mettra plus obstacle, car, par le concours des deux volontés de l'usufruitier et du nu-propriétaire, la pleine propriété dans l'espèce est reconstituée.

Rappelons le cas examiné plus haut, et mentionnons que le testateur qui aurait légué séparément l'usufruit et la nue-propriété de son fonds pourrait y être inhumé « *favore religionis* », s'il en a exprimé la volonté, ou même si le terrain paraît à l'héritier plus avantageux qu'aucun autre pour devenir lieu de sépulture.

47. — *B. Un simple nu-propriétaire.*

C'est l'hypothèse inverse de la précédente (1). Le nu-propriétaire ne peut changer la nature de la chose qu'il a donnée en usufruit, sans le consentement de l'usufruitier. S'il l'obtient, la sépulture sera possible, la pleine propriété étant par le fait rétablie. S'il s'agit de l'inhumation du testateur qui a légué l'usufruit dans les conditions sus-énoncées, disons encore qu'elle pourra se faire sans l'assentiment de l'usufruitier.

48. — *C. Le légataire et l'héritier dans le cas d'un legs conditionnel.*

Le légataire, tant que la condition n'est pas accomplie,

(1) D. 1. 17 pr. de usufructu et quemadmod. — L. 2, § 7, de relig. — Instit. § 9, de divis. rer.

n'est pas propriétaire ; il ne peut par conséquent inhumer sur le terrain objet du legs, jusqu'à la *dici cessio*.

L'héritier, lui non plus, ne pourra y établir une sépulture. Nous ne parlons point ici, bien entendu, de l'inhumation du testateur (qui, comme nous le savons, peut toujours être enterré sur le fonds qu'il a légué), mais de l'inhumation que ferait l'héritier à toute autre personne. Sans doute, l'héritier, d'après l'opinion des Sabiniens qui prévalut, était considéré comme propriétaire provisoire de la chose léguée (1) ; celle-ci ne passait dans le patrimoine du légataire que par l'événement de la condition et sans effet rétroactif (2). La conséquence était que l'héritier, tant que la condition demeurait en suspens, pouvait revendiquer (3) la chose, en percevoir les fruits (4), l'aliéner, l'hypothéquer (5), en un mot faire tous actes de propriétaire, avec cette restriction cependant que les droits conférés par lui à des tiers se résolvaient nécessairement par la résolution du sien (6). Mais il lui était interdit de faire les actes qui de leur nature sont irrévocables (7), et parmi ces actes, par conséquent, de transformer le terrain, objet du legs, en *res religiosa* (8).

49. — *D. Le propriétaire d'un terrain grevé d'une servitude prédiale.*
Une fois consentie en effet, la servitude est perpétuelle

(1) Accarias, Précis de Dr. Rom. éd. 1878. Des Legs, n° 379.

(2) Les Proculiens, au contraire, considéraient la chose comme *res nullius*, en attendant l'événement ou la défaillance de la condition : alors seulement, mais sans effet rétroactif, la chose devenait la propriété ou du légataire ou de l'héritier. (Accarias, Id.)

(3) L. 66, D. de rei, vind.

(4) L. 32, § 1, D. de legat. II.

(5) L. 13, § 1, D. de pign. et hypoth.

(6) L. 11, § 1, D. quem serv. amitt.

(7) L. 11, D. de manum. ; l. 29, § 1, qui et a quib. manum.

(8) L. 31, D. de relig. ; l. 105 de condit. et demonstr.

et due tout entière. Le propriétaire du fonds servant n'est donc pas libre d'apporter à son terrain des modifications de nature à anéantir la servitude ou à changer ses conditions d'exercice. Il ne pourra point par conséquent y établir une sépulture, à moins que le propriétaire du fonds dominant n'y consente. Dans ce cas, il y aurait, pour la portion du fonds nécessaire au sépulcre, extinction partielle de la servitude par voie de renonciation expresse ou tacite du titulaire. Disons plus, et remarquons que ce consentement ne sera pas toujours nécessaire. S'il est manifeste, en effet, que le propriétaire du fonds dominant puisse exercer son droit de servitude aussi commodément par un autre endroit du fonds servant (ce qui arrivera le plus souvent, par exemple au cas d'une servitude de passage ou d'aqueduc), rien ne fera obstacle à l'inhumation. Elle ne sera point censée faite dans le dessein de troubler le titulaire : pour lui, le dommage sera nul ou de minime importance, et il est de toute justice que cette considération cède devant l'intérêt supérieur de la religion (1). Si donc le propriétaire du fonds dominant, ayant néanmoins refusé son consentement, voulait revendiquer la servitude par l'action confessoire, il serait justement repoussé par le propriétaire du fonds servant auteur de l'inhumation, au moyen de l'exception de dol.

50. — *E. Le propriétaire qui a donné en gage le fonds de terre, l'a constitué en hypothèque, et, en général, en a fait l'objet de tout contrat engageant temporairement son droit de pleine propriété.*

La loi 2, § 9, *de relig.*, ne parle que du gage. Nous assimilons à ce cas tous ceux dans lesquels le propriétaire, en

______

(1) L. 2, § 8, D. de relig.

constituant au profit d'un tiers des droits sur son terrain, s'en sera aliéné momentanément la libre disposition. Il ne pourra y établir un sépulcre que s'il obtient le consentement de la partie contractante.

51. — Comme dans les hypothèses précédentes, exception est toujours faite à cette règle lorsqu'il s'agit de l'inhumation du propriétaire lui-même, qui, en dépit de tous les droits consentis, peut toujours se faire enterrer à son choix.

Notre loi 2, § 9, étend cette même exception en faveur des membres de sa famille dont il ferait l'inhumation de son vivant. Dans ce cas encore, le consentement du créancier gagiste ne sera donc pas requis, et Pothier en donne pour juste motif qu'il ne pourrait être refusé sans impiété (1). « Il serait impie et inhumain, dit-il, qu'un créancier, pour le modique intérêt qu'il pourrait avoir en raison de son gage, empêchât le propriétaire de faire inhumer ses parents, ou d'être inhumé lui-même. »

Ne restreignons pas au cas particulier d'un débiteur gagiste une déclaration si conforme à la « *favor religionis* » dont les lois romaines entourent notre matière. Décidons, au contraire, par voie d'analogie, que, dans toutes les hypothèses étudiées successivement par nous, l'exception faite pour le propriétaire du terrain comprend aussi les membres de sa famille. Le texte ajoute d'ailleurs que, seuls, lui et les siens profiteront de cette faveur. Il n'y a pas de raison en effet d'en faire bénéficier les étrangers ; là commencerait l'injustice et la violation des droits des tiers.

52. — *F. Un propriétaire indivis.*

Lorsqu'un terrain appartient à plusieurs communistes

(1) Pothier, Pandectes, ad lib. 11 de religiosis.

est-il besoin, pour qu'il devienne religieux, de leur consentement unanime ? Chacun d'eux a certainement le droit de s'y faire personnellement inhumer sans la permission de ses copropriétaires, surtout s'il n'a pas un autre lieu de sépulture (1). Sans doute, d'après la rigueur des principes, ce consentement devrait être nécessaire, car, dans l'état d'indivision, chacun des communistes n'a pas un droit entier et exclusif sur la chose ; il a seulement sur chaque molécule un droit limité par le droit égal des autres. C'est donc encore ici pour lui la même situation de faveur que précédemment ; il pourra se faire enterrer dans le fonds indivis comme s'il était seul propriétaire. Au demeurant, les droits des autres ne seront point lésés ; ils peuvent tous profiter du même avantage, et, lors des opérations du partage, ils seront indemnisés de la perte des parcelles consacrées à l'inhumation (2).

Lorsqu'il s'agit de la sépulture d'un étranger, les conditions changent, et le droit commun reparaît. Aucun des communistes ne peut faire un lieu religieux d'un lieu profane sans l'assentiment de tous les autres (3). Cet assentiment sera donné tout aussi bien après qu'avant l'inhumation : il est possible en effet qu'il n'ait pas été demandé aux parties au moment de la sépulture, ou qu'elles l'aient tout d'abord refusé. Objecterait-on que ce consentement tardif ne peut produire effet parce qu'un lieu devient religieux à l'instant où l'on y enterre un mort, ou ne le devient jamais ? Un semblable raisonnement est trop subtil dans une matière si favorable aux intérêts de la religion, et Pothier nous apprend qu'il n'a point été admis (4).

(1) L. 41, D. de relig.
(2) L. 3, D. communi dividundo.
(3) L. 3, D. de relig.
(4) Pothier, Pandectes. ad l. 3, de relig.

§ II. — *Le propriétaire du terrain peut déléguer son droit d'inhumer.*

53. Inhumation faite sur l'ordre du propriétaire. Application des règles du mandat.
54. En cas d'inhumation faite par une personne *motu proprio*, l'autorisation du propriétaire est nécessaire.
55. Controverse sur la valeur de l'autorisation postérieure à l'inhumation.

53. — Nous avons vu que rien ne peut se faire sans le consentement du propriétaire. Vienne donc un étranger inhumer un mort dans une terre ou une tombe qui ne lui appartient pas : s'il agit malgré l'opposition du *dominus* ou à son insu, il est évident que le terrain ne deviendra point religieux. Il en sera tout autrement s'il procède à l'inhumation sur l'ordre du propriétaire; dans ce cas, il y aura mandat, et les règles en devront être appliquées.

54. — Envisageons l'hypothèse où une personne fait l'inhumation, non plus sur l'ordre du propriétaire, mais de son propre mouvement. L'autorisation du maître, nous le savons, lui est nécessaire. Déclarons qu'il importe peu que ce consentement suive ou précède l'inhumation.

Donnée après coup, l'autorisation rend le terrain religieux tout aussi bien que si elle avait été obtenue dès le principe; c'est ce qu'exprime le texte suivant qui figure aux Instituts et au Digeste : « *licet postea ratum habuerit quam illatus est mortuus, religiosus locus fit* » (1).

55. — Cette solution a été contestée, ou plutôt elle a fait difficulté en présence de la négation que plusieurs éditeurs placent dans notre texte entre les mots « *ratum* » et « *habue-*

(1) Instit. de div. rer. § 9; D. eod. tit. 1. 6, § 4.

rit» (1). Nous n'hésitons pas à adopter, avec la grande majorité des auteurs, la version qui supprime cette négation. C'est celle du manuscrit de Florence, celle adoptée par Cujas et Heineccius, et à leur suite nombre de commentateurs ; c'est celle de la paraphrase de Théophile, parfaitement d'accord avec les Basiliques (2).

Les deux versions d'ailleurs ne nous paraissent point se contredire : elles ont trait à deux hypothèses différentes, et aboutissent à la même fin (3).

Celle qui porte la négation suppose un consentement préalable qui suffit et, une fois donné, ne peut plus être retiré. Elle fait ressortir l'inutilité d'une ratification postérieure à l'inhumation, dans le cas où celle-ci a été faite, comme elle doit l'être, *consentiente domino*. Le propriétaire ayant une fois consenti, le lieu deviendra religieux quand bien même plus tard il ne voudrait plus ratifier son autorisation première.

Celle qui ne contient pas la négation suppose qu'à l'origine il n'y a pas eu de consentement, mais que dans la suite l'inhumation a été ratifiée par le propriétaire. Si donc elle a tout d'abord été faite à son insu ou contre son gré, le consentement donné après coup n'en rendra pas moins le terrain religieux (4).

Nous arrivons donc des deux côtés à la même conclusion, à savoir que le consentement peut être obtenu à quelque mo-

---

(1) Christophori Riccii Vindiciæ juris, ch. 6 : Otton, t. II, Thes., p. 773.

(2) J. Corasius. Lyon, 1558, ad 1, 6, § 4, n° 8. — Frégier, Paraphrase de Théophile. 1847. Liv. II, tit. 1, p. 194, note 1.

(3) Vinnius. Lyon, 1761. Institut. comment. liv. II, tit. 1, de rer. div. t. 1, p. 164.

(4) Du Caurroy, Institutes de Justinien, 2e édit. liv. II, tit. I, § IX, n° 340, t. I, p. 259; Demangeat, Cours élément. de Dr. rom. 1864, liv. II, n° IV, t. 1, p. 436; Ortolan, Institutes, 11e édit. liv. II, tit. I, n° 337, t. II, p. 262.

ment que ce soit. L'essentiel est qu'il soit donné, car il est nécessaire; et le terrain ne sera véritablement religieux que lorsqu'il sera expressément intervenu.

Si le propriétaire persiste dans son opposition ou ne veut pas souffrir l'établissement de la sépulture sur son fonds quand il en a connaissance, nous allons voir quels moyens légaux lui sont offerts pour préserver de toute atteinte son droit inaltérable de propriété.

§ III. — *Voies ouvertes au propriétaire qui n'a pas donné son consentement pour rendre son terrain religieux.*

56. 1° Solliciter l'enlèvement du cadavre.

57. 2° Exercer une action *in factum*.

58. Cette action *in factum* est *persecutoria rei*.

59. Objection tirée de la loi 2 § 2, D. *de religiosis*. Distinction proposée.

60. Cas d'exercice de cette action.

61. Son application entre communistes. Conciliation des lois 6, § 6, *Communi dividundo*, et 2, § 1, *de religiosis*.

62. Elle est refusée au possesseur de bonne foi.

63. Hypothèses où elle a le caractère d'*utilis*.

64. Elle n'est pas donnée au cas d'inhumation dans un lieu public. Règles particulières pour la répression de ce délit.

56. — Deux moyens sont offerts au propriétaire par les textes :

1° Solliciter du collège des pontifes ou de l'empereur qui en est le chef naturel, l'autorisation d'enlever le cadavre. D'après les principes du droit, il semblerait que toute personne lésée manifestement dans sa propriété devrait pouvoir faire cesser le trouble, de sa propre autorité. Dans notre cas particulier, par faveur pour la religion, il en est autrement; la permission des pontifes est nécessaire. Si elle faisait défaut au propriétaire, il se trouverait exposé à l'action d'injures (1) (l. 8 pr. D. *de religiosis*).

57. — 2° Recourir à une action *in factum* à l'effet d'obtenir la réparation du préjudice éprouvé. Mais, avant d'employer cette arme, le propriétaire doit mettre l'auteur de l'inhumation en demeure d'enlever le corps injustement déposé. Ce n'est qu'une fois cette sommation faite que l'action pourra être intentée (2). L'auteur de l'inhumation a donc le choix entre deux partis : ou enlever le cadavre, ou payer l'estimation du terrain ; pour lui c'est une obligation alternative. Remarquons, à ce propos, que *favore religionis* la plénitude du droit de propriété reçoit en quelque sorte une atteinte (3). En effet, si celui qui a inhumé choisit le second parti et donne la valeur du terrain, le propriétaire se trouve dans la nécessité d'aliéner, quand bien même il préférerait le contraire. C'est ainsi que, dans une hypothèse analogue, le propriétaire indivis d'un esclave est forcé de vendre sa part à son copropriétaire quand il s'agit de l'affranchissement (4).

Cette action *in factum* est une de celles très nombreuses fondées, non pas sur une règle du *jus civile*, mais sur l'équité résultant de l'ensemble des faits, et données chaque fois qu'une espèce nouvelle appelait la protection légale. Lorsqu'un dommage que le droit civil ne prévoyait pas avait été causé par faute, mais sans dol, c'est-à-dire sans intention criminelle, le préteur accordait pour le réparer une action *in factum* (5).

---

(1) Brunnemann, Pandectarum commentarius. Genève, 1762, liv. XI, t. 7, ad leg. 8 de relig. — Ortolan, liv, II, tit. 1, n° 337.

(2) Doneau, Jus civ. t. J, p. 639, n° 19.

(3) A. Faber, Rationalia. Ad l. 7 de relig.

(4) L. 1, C. de communi servo manumisso.

(5) Maynz, Cours de Droit Romain. Des actions, § 2, t. I, p. 527. — Audinet, Des actions qui naissent des délits (Th. de Doct.), n° 53.

58. — Au premier abord, il semblerait que celle qui nous occupe devrait être pénale, au moins de la part de la personne coupable d'avoir inhumé sans droit, le fait constituant évidemment un *delictum privatum*. La conclusion à en tirer serait que cette action est annale et ne passe point aux héritiers . Il n'en est rien cependant; les textes qui la donnent expriment formellement qu'elle est donnée aux héritiers contre les héritiers et perpétuelle (1). Ils la considèrent donc comme une action persécutoire de la chose. La raison est qu'elle n'inflige aucune peine pécuniaire au défendeur ; elle n'a pour but que de lui faire payer une indemnité égale à la perte subie par le demandeur. Or la caractéristique de l'action *rei persequendæ gratia* est de faciliter au demandeur les moyens d'assurer l'intégrité de son patrimoine, rien de plus ; tandis que l'action pénale est celle où il tend à appauvrir le défendeur et à s'enrichir d'autant (2). Nous sommes donc en présence d'une action *in factum* persécutoire de la chose. Cette théorie se trouve confirmée par les différents textes qui donnent l'action. Un seul peut-être soulèverait quelque difficulté ; c'est le passage de l'Edit rapporté à la loi **2**, § 2, D. *de religiosis* : « *qui hoc fecit, in factum actione tenetur, et pœnæ pecuniariæ subjicietur.* » Ne serait-on pas tenté de conclure de l'expression *pœna pecuniaria* que l'action est pénale ?

59. — Pour expliquer cette apparente contradiction, Noodt (3) a recours à une distinction hasardée que nous ne pouvons admettre, et que nous ne rapportons qu'à titre de

----

(1) D. de relig. l. 2, § 1 et 2 ; l. 7 princip.

(2) Accarias, Droit Romain. Actions, n° 854. — A. Faber, Rationalia, ad l. 7 de relig.

(3) Noodt, Comment. liv. XI, tit. 7.

développement sur la matière. Il suppose que seule la première partie du texte serait tirée de l'édit du préteur, et que la seconde se référerait à un cas différent, prévu ici par Ulpien. Selon lui, le jurisconsulte romain aurait, dans son commentaire sur l'Edit, visé deux hypothèses :

a. Celle où une personne aurait inhumé un mort dans un lieu profane, *in locum purum*, appartenant à autrui. Dans ce cas, le propriétaire du terrain aurait l'action *in factum*, telle que nous la comprenons, l'action donnée par Gaïus dans la loi 7 pr. *de religiosis*, perpétuelle, passant aux héritiers, et où il n'est nullement question de peine pécuniaire. On ne peut, en effet, ajoute Noodt, entendre en ce sens l'indemnité que l'auteur de l'inhumation est libre de fournir, s'il ne veut pas enlever le cadavre.

b. La seconde hypothèse qu'aurait eue en vue Ulpien serait celle d'une inhumation faite sans droit, non plus dans un *locus purus*, mais dans un sépulcre ayant déjà la qualité religieuse. A la différence du cas précédent, celui qui a inhumé ne pourrait pas payer l'estimation du sépulcre, car le *locus religiosus* est, comme nous le verrons, *extra commercium*, insusceptible d'aliénation et par suite d'estimation. Alors trouverait son application la seconde partie du texte attribuée à Ulpien : « *pœnæ pecuniariæ subjicietur* ». Quelle serait cette peine ? ce serait celle qui résulte de la violation de sépulture.

L'auteur de l'inhumation serait donc tenu *tanquam reus sepulchri violati*; et Noodt appuie sa théorie sur cette raison que la loi 3 D. *de sepulchro violato*, qui traite de l'action *Sepulchri violati*, et la loi 2 D. *de religiosis* sont tirées du même livre 25 du commentaire d'Ulpien *ad Edictum*.

Cette explication subtile ne nous paraît pas devoir être prise en considération, et nous ne pensons point que le texte puisse être ainsi divisé. Il se présente au Digeste comme ne comprenant qu'une seule proposition, et il semble bien qu'il soit en entier du préteur.

Le mot *pœna* d'ailleurs n'entraîne pas nécessairement l'idée d'action pénale : la *stipulatio pœnœ* en est la preuve ; et nous ne sommes point éloigné de lui donner dans la circonstance le sens naturel d'indemnité.

60. — Notre action *in factum* s'applique dans toutes les hypothèses où une inhumation a été faite sans droit. Elle peut donc être exercée dans les différents cas que nous avons étudiés plus haut ; elle sera donnée au propriétaire contre l'étranger qui enterrerait un mort à son insu ou malgré son refus d'autorisation (D. *de relig.*, l. 2, § 1), à l'usufruitier troublé dans sa jouissance contre le nu-propriétaire (Id., l. 8, § 4), et réciproquement au nu-propriétaire contre l'usufruitier (Id., l. 2, § 1), à celui qui a sur le terrain un droit de servitude (Id., l. 8, § 4), etc. Disons encore qu'elle trouvera son application entre communistes. Sur ce dernier point toutefois la question est plus délicate, en raison de la présence de deux textes qui semblent se contredire, mais qui peuvent se concilier. Examinons-les rapidement.

61. — Lorsqu'un communiste inhume un étranger sur le terrain indivis (1), ses copropriétaires lésés dans leurs droits doivent prétendre à une indemnité équivalente au préjudice causé. Comment l'obtiendront-ils ? La loi 6, § 6, D. *communi dividundo*, s'appuyant sur l'autorité de Trebatius et de Labéon, donne nôtre action *in factum*. La loi 2, § 1, D. *de religiosis*, donne au contraire les actions du partage, *communi dividundo* ou *familiœ erciscundœ*. Cujas, amené à se prononcer

____

(1) V. suprà, n° 52.

entre ces deux voies, choisit la dernière. Il rejette l'action *in factum* et préfère les actions *communi dividundo* ou *familiæ erciscundæ* (1). Celui qui a à sa disposition une action civile, dit-il, n'a pas besoin d'une action prétorienne, et l'action directe est meilleure que l'action utile. Pour lui, du reste, dans la loi 6, § 6, *Comm. div.*, Ulpien n'aurait fait que rapporter, sans l'approuver, la doctrine de Trébatius et de Labéon donnant l'action *in factum*. Il aurait émis son opinion personnelle dans la loi 2, § 1, *de relig.*, qui fait partie de son même commentaire sur l'édit. La raison qui lui ferait préférer l'action en partage, c'est que le texte de l'édit qui consacre l'action *in factum* suppose l'inhumation faite *in loco alterius*. Or cette expression est bien applicable à un *non dominus*, mais non pas à un *socius* qui est réellement un propriétaire. Ajoutons encore que Pomponius donne l'action *pro socio* dans le même cas (l. 39 D. *pro socio*). Ce système aboutit à considérer comme inutile la loi 6, § 6, *Comm. div.* ; nous ne pouvons admettre un tel résultat.

En effet, la contradiction qu'on a cru voir entre ces deux procédures n'existe pas en réalité. Elles s'appliquent à deux cas différents : celui où les communistes demandent simplement une indemnité, et celui où ils veulent en même temps sortir de l'indivision. Dans le premier, ils ne pourront qu'intenter l'action *in factum*, suivant la loi 6, § 6, *Comm. div.* ; dans le second, ils feront statuer sur l'indemnité par le juge même de l'action en partage, d'après la loi 2, § 1, *de relig.* Cette réclamation fera partie de l'instance, et sera comprise dans la mise en œuvre des actions *familiæ erciscundæ, communi*

______

(1) Cujas, Comment. liv. VIII. Quæst Papin. l. 43 de relig., et t. VII, p. 570.

dividundo, pro socio. Ce sera un incident de la procédure. Mais cette méthode, répétons-le, ne sera possible qu'autant qu'ils voudront sortir de l'indivision, et non point seulement obtenir une indemnité (1).

62. — La loi 2, § 1, refuse clairement l'exercice de l'action *in factum* au possesseur de bonne foi : « *hic sermo domino dat actionem ; non bonæ fidei possessori* ». Ce développement explicite n'est pas inutile, car la condition du possesseur de bonne foi a beaucoup de points de similitude avec celle du propriétaire. Sans les comparer, ce qui n'entre point dans l'objet de notre étude, rappelons que le possesseur a, comme un propriétaire, le *jus prohibendi* sur le terrain qu'il détient, et que si le propriétaire peut exercer la revendication, le possesseur est armé, lui aussi, d'une action analogue, la publicienne. Ce texte formel n'était donc pas superflu, et devant lui toute hésitation disparaît.

63. — Il serait difficile de prévoir tous les cas dans lesquels l'action *in factum* qui nous occupe peut être intentée. En dehors de ceux que nous avons mentionnés, on peut dire d'une façon générale qu'elle constitue le mode d'anéantissement de toute sépulture à titre définitif faite sans droit (2). Peu importe d'ailleurs que l'inhumation ait eu lieu dans un champ ou dans un édifice (l. 8, § 3, *de relig.*).

Parmi les hypothèses qui peuvent se présenter, consignons encore :

a. Celle où un mort a été inhumé dans un sépulcre dont l'accès lui était interdit, par exemple lorsque l'on dépose un étranger dans un sépulcre héréditaire ou de famille (3) ;

(1) Accarias, n° 192, t. I, p. 400, note 1.
(2) D. de relig., l. 2, § 3.
(3) V. infra, n° 113.

b. Celle où l'inhumation a été faite dans un sarcophage appartenant à autrui, et qui n'avait encore reçu aucun cadavre.

L'action donnée dans ce dernier cas est l'action *in factum* utile, par extension de notre action *in factum* accordée quand l'inhumation a été faite sur un terrain. On sait que la création des actions utiles se retrouve aussi bien dans le droit honoraire que dans le droit civil, et que le principe d'une *in factum actio*, déjà consacré pour une espèce donnée, peut être appliqué à des cas analogues, ce qui produit une *utilis in factum actio* (1). Cette juxtaposition des termes *utilis* et *in factum*, dit Savigny, à propos de notre texte, n'est pas un pléonasme. « *Utilis* veut dire que l'action contenue dans l'édit est étendue à un nouveau cas ; l'addition *in factum* exprime que *utilis* ne doit pas se prendre dans sa signification restreinte d'action fictice (2). »

64. — Enregistrons en terminant l'hypothèse où on a procédé à l'inhumation dans un lieu destiné à l'usage public. Il faut distinguer si elle a été accomplie de bonne ou de mauvaise foi. Dans le premier cas, son auteur, étant *sine dolo*, sera absous. Dans le cas contraire, le texte dit qu'il sera puni *extra ordinem*, toutefois *modica coercitione* (3). Il n'y aura donc pas lieu à l'action *in factum*, mais à la procédure extraordinaire de la compétence du préteur, qui connaîtra directement le fait délictueux et le réprimera avec les tempéraments que demande notre loi 8, § 2.

A quelles causes attribuer cette *modica coercitio?* On considérait sans doute comme moins grave l'atteinte portée

(1) Maynz. Droit Romain. Actions, § 52, t. I, p. 528.
(2) Savigny, 1843. Droit Romain, t. V, p. 103.
(3) L. 8, § 2, D. de relig. — Noodt. Comment., liv. XI, tit. 7. — Cujas, t. X, p. 390.

au droit de propriété quand il s'agissait d'inhumation faite sur un terrain public que lorsqu'elle était accomplie sur un terrain privé. Chaque citoyen avait du lieu public, sinon un démembrement de propriété (car il n'appartient à personne et est *res nullius*), du moins un démembrement d'usage. C'était probablement une raison de se montrer moins sévère (1). Ajoutons surtout que le lieu public étant sans propriétaire, personne ne pouvait avoir le droit d'exercer l'action *in factum*. On comprend dès lors l'intervention directe du magistrat.

SECTION IV.

4ᵐᵉ Condition : Inhumation dans un terrain pouvant légalement devenir lieu de sépulture.

65. Défense d'inhumer dans l'intérieur des villes.

66. Historique de cet usage.

67. Motifs de son existence.

68. L'inhumation en terrain privé était la règle. Ses modes d'établissement.

69. Sépultures le long des voies romaines.

70. Sanction de la défense susdite.

71. Son extension à toutes les cités de l'Empire par Adrien.

72. L'usage se continue d'abord sous le Christianisme. Dispositions de Théodose.

73. Il est peu à peu abandonné. Constitution définitive de l'empereur Léon.

65. — Étudiant les conditions requises pour l'établissement d'une sépulture régulière, il nous est impossible de passer sous silence l'interdiction portée par les lois romaines d'inhumer dans l'intérieur des villes. Contrevenir en effet aux dispositions de ces lois qui varièrent avec les différentes époques du droit, c'était s'exposer à faire déclarer par les pontifes la sépulture *injusta*, et par conséquent se voir dans la néces-

(1) A. Faber, *Rationalia*, ad l. 8, § 2.

sité de transporter ailleurs le cadavre, nonobstant la peine pécuniaire qui, comme nous le verrons, était habituellement encourue. Ce n'est donc point sortir de notre cadre que d'envisager comme quatrième condition indispensable à l'érection d'un vrai sépulcre, cette obligation de faire l'inhumation en dehors des murs de la cité.

66. — Le principe fut expressément posé par la loi des XII Tables : « *Hominem mortuum in urbe ne sepelito neve urito.* » Ce n'était en réalité que la consécration d'un usage passé depuis longtemps dans les mœurs. Aux premiers temps de Rome seulement, on avait enseveli dans la ville et jusque dans l'intérieur des maisons. Dès l'époque de Numa, on éloigna les tombeaux, et les historiens rapportent que ce roi fut lui-même enterré hors les murs, sur le mont Janicule, qui n'était point encore compris dans l'enceinte de Rome (1). Cicéron (2) nous apprend qu'avant la loi des XII Tables, Valerius Publicola et Posthumius Tubertus furent inhumés dans le Forum en récompense de leurs glorieux services. Ce fait, considéré comme un grand honneur, prouve qu'avant même la promulgation de la loi, il n'était point permis aux citoyens d'avoir dans Rome leur sépulture.

Les descendants de ces hommes illustres conservèrent cette prérogative, mais ils n'en usèrent que fictivement. Lorsque l'un d'eux venait à mourir, on se contentait de porter au Forum le corps sous lequel on passait une torche ardente pour simuler l'inhumation ; la torche était aussitôt retirée, et on allait brûler le cadavre en dehors de la cité. De cette

(1) Denys d'Halicarnasse, II, 22. — Duruy, Histoire des Romains, chap. I, p. 90.

(2) Cicéron, de Legibus, liv. II, 23. — Niebuhr, Histoire romaine, 1840, t. II, p. 352 ; t. III, p. 393.

— 59 —

manière leur droit de sépulture au Forum était sauvegardé (1).

L'honneur de la sépulture *intra muros* était encore acco rdé après la loi des XII Tables aux vestales, aux empereurs, aux triomphateurs, à ceux qui s'étaient exceptionnellement dis-tingués par leurs vertus ou leurs hauts faits, tels que Fabri-cius (2).

Comme la plupart des dispositions de la loi des XII Tables, cette interdiction d'enterrer les morts à l'intérieur de la ville a été reproduite des lois de Solon (3). Tous les peuples de la Grèce en effet avaient adopté cet usage, à l'exception des Lacé-démoniens; Lycurgue (Plutarque, *Vie de Lycurgue*) avait jugé qu'en laissant les tombeaux au milieu de Sparte, il rappelle-rait sans cesse aux jeunes gens l'austère vertu de leurs aïeux, et les habituerait à ne point trembler à l'aspect de la mort. Il serait intéressant d'observer chez presque toutes les nations antiques cette coutume généralement admise de pla-cer les tombeaux à l'écart des habitations : les commenta-teurs l'ont signalée à Smyrne, à Corinthe, à Syracuse, à Dé-los, chez les Egyptiens, chez les Hébreux (4). Le respect que l'antiquité professait pour les morts n'était point exempt de crainte, et elle se laissait en même temps guider par des considérations que ne devaient point connaître plus tard les peuples soumis à l'influence chrétienne.

67. — Si nous recherchions spécialement celles qui firent

1) Dezobry, Rome au siècle d'Auguste. Lettre CIV, t. IV, p. 91.

(2) Cicéron, loc. cit. — Cujas, liv. VI au Code, tit. 23 *in fine*, t. IX, p. 669.

(3) Id. Epistolæ ad familiares, IV 22.

(4) Homère, Odyssée, liv. XII, v. 11 ; liv. XXIV, v. 82 ; Iliade, liv. XXIII, v. 125. — Cicéron, Pro Flacco, 3 ; Tuscul, V 23. — Tite Live, XXXI, 24. — Pausaniae, II, 7. — Christophori Riccii Vindiciæ juris, chap. VI : Otton, t. II, p. 772. — Vinnius, Institutionum commentarius, liv. II, tit. I. — Strabon, liv. X. — S. Matth. XXVII, 53. — S. Jean, XIX, 41. — Joannes Nicolaï, de Sepulchris Hebræorum. Leyde. 1706, cap. XIII et seq. p. 184.

adopter aux Romains un tel état de choses, nous en trouverions de plusieurs sortes. Nous pourrions mentionner la crainte des incendies, l'impossibilité d'accomplir dans un lieu public des sacrifices privés, la raison de mettre les vivants à l'abri des exhalaisons malsaines qui se dégagent des cadavres, l'occasion offerte aux citoyens de manifester leur courage, au cas où ils seraient appelés à défendre hors des murs les tombeaux de leurs ancêtres, enfin la leçon grave et salutaire que recueille le passant averti de la fragilité humaine en lisant les inscriptions des sépulcres qui bordent les grandes voies romaines (1). Mais il faut aussi chercher dans la religion et le droit pontifical le motif le plus important de cette mesure. « *Ne funestentur sacra civitatis* », dit en propres termes le jurisconsulte Paul (2); « *ne sanctum municipiorum jus polluatur* », ajoutent les empereurs Dioclétien et Maximien (3). Les cadavres souillent la sainteté des lieux où ils sont déposés, et par leur présence le culte de la cité se trouve profané ; Théodose le reconnaît, et ordonne qu'ils soient éloignés de la ville, « *ut relinquant incolarum domicilio sanctitatem* » (4). Ainsi s'explique, par un préjugé religieux, dit M. Accarias (5), cette législation que nos idées modernes nous porteraient volontiers à faire reposer sur une raison d'hygiène ; les *Dii superi*, protecteurs de la cité, et les *Dii manes* ne pouvaient pas vivre les uns à côté des autres.

---

(1) Cicéron, de Legib. loc. cit. — Varron, de linguâ latinâ, liv. V. — Dion Cassius, liv. XLVIII. — Godefroy, Code Théod. constit. VI, de Sepulcr. violat. Leipzig. 1738, tome III. p. 161.

(2) Paul. Sent. liv. I, tit. XXI, § 2.

(3) L. 12, C. de relig.

(4) Godefroy, Code Théod. loc. cit. — Comment. de Baldulnus sur la loi des XII Tables, ch. 31 ; Heineccius, t. I, p. 119.

(5) Accarias, Dr. romain, n° 102-3°.

68. — En dehors de la ville, chacun avait le droit de choisir le lieu de sa sépulture. L'usage fut d'abord d'enterrer les morts dans la propriété privée ; en conséquence, tout domaine renfermait une place consacrée aux inhumations. Ce pouvait être un bois, un jardin, une villa lorsque la famille était de riche extraction ; un coin de terre lorsqu'elle était de modeste origine (1). L'emplacement du sépulcre variait alors avec la qualité du sol (2). Si le champ était fertile, on en réservait seulement l'extrémité (habituellement le long de la route), de façon à perdre le moins de terrain possible. Était-il au contraire stérile, les mêmes motifs d'économie n'existaient plus, et le monument pouvait sans inconvénient occuper le centre de la propriété. Cette coutume cadre bien avec les recommandations de Platon et de Cicéron (3), qui engagent à choisir pour lieu de sépulture les terres incultes. Il faut d'autant moins sacrifier de terrain que la proportion des tombeaux augmente toujours, observe Godefroy (4), qui cite à ce propos les deux vers de Martial (5) :

« Septima jam, Phileros, tibi conditur uxor in agro.
Plus nulli, Phileros, quam tibi, reddit agro ».

69. — La vanité romaine ne pouvait se contenter longtemps de cet état de choses. Elle rechercha vite au delà de la mort l'amour du faste qui était la grande préoccupation de la vie. Les tombeaux furent édifiés le long des routes, rivalisant entre eux de magnificence ; et « leurs lignes, bordant les voies Appienne, Latine et Flaminienne, s'étendaient jusqu'à

(1) Appianus, de Bello civili, I, 10. — Suétone. Caligula, c. 59. — Capitolinus de Antonino Pio, c. 5. — Cicéron, Ad Attic. XII. 36. — Pline VI. ep. 10.
(2) Fustel de Coulanges, Cité antique, ch. VI, p. 68.
(3) Platon, Lois, liv. XII. — Cicéron, de Legibus, II, 27.
(4) Godefroy, Code Théod. t. III, p. 152.
(5) Martial, liv. X, epig. 48.

quinze ou seize milles en dehors de la ville » (1). Le Champ de Mars, n'étant pas compris dans l'enceinte des murs, pouvait recevoir des sépultures; mais comme c'était un lieu public (2), aucune inhumation ne s'y faisait que par ordre du sénat ou du peuple (3).

70. — Aux dispositions de la loi des XII Tables, il fallait une sanction. Elle se trouva dans la procédure extraordinaire, au témoignage de Paul : « *Corpus in civitatem inferri non licet, ne funestentur sacra civitatis ; et qui contra ea fecerit, extra ordinem punitu* » (4). Plus tard Adrien soumit ce délit à la juridiction ordinaire, en portant une amende de quarante *aurei* contre ceux qui inhumeraient dans la ville et contre les magistrats qui auraient souffert l'accomplissement de la sépulture. Il ordonnait en même temps l'enlèvement du cadavre et la vente du terrain au profit du trésor public (5).

71. — Cette menace, qui dans le principe ne concernait que la seule ville de Rome d'après la loi des XII Tables, fut appliquée par le même empereur à toutes les autres cités. Les règlements municipaux qui auraient pu y être contraires étaient abrogés en masse. Après l'extension de la qualité de citoyens à tous les sujets de l'empire, certaines villes avaient en effet conservé un droit propre. Mais lorsque la loi municipale se trouvait en conflit avec la loi romaine, cette dernière l'emportait, suivant le principe consacré par la loi 33 D. *ad municipalem*

---

(1) Cicéron, Tuscul. I, 7. — Tite Live, XXXVIII, 56. — Sénèque, ép. 91. — Pline, VII, ép. 29. — Juvenal, Sat. I, 171. — Dézobry, Rome au siècle d'Aug. loc. cit

(2) La règle était la même pour les provinces. Le musée de Florence possède un fragment d'une *lex incerta coloniæ* qui défend d'enterrer les morts sur les terrains communaux. (Daremberg et Saglio, v° Colonia, p 1318. col. 1.)

(3) Dezobry, id.

(4) Paul, loc. cit.

(5) L. 3, § 5, D. de sepulch. violat.

« *Roma communis nostra patria est* ». Adrien met en vigueur
ce principe en donnant expressément à son édit une portée
générale (1). La même prohibition fut reproduite par son fils
adoptif Antonin le Pieux (2), et dans la suite par les empereurs
Dioclétien et Maximien (3).

72. — Après l'ère des persécutions, les chrétiens adoptèrent
l'usage, consacré par la loi des XII Tables, d'inhumer leurs
morts hors de l'enceinte des villes. Fidèles à la tradition
puisée aux catacombes, ils cherchèrent à les grouper autour
des corps des martyrs. Ceux-ci étaient enterrés ou transportés en dehors des murs, et les basiliques s'élevèrent pour
les contenir. Les sépultures chrétiennes entouraient ces nouveaux édifices, qui s'ouvrirent plus tard pour l'inhumation
des hauts personnages, en attendant que ce privilège fût
accordé aux tombes du vulgaire (4). Par suite de l'extension
que prirent les villes, les basiliques se trouvèrent comprises
dans l'intérieur des cités et firent ainsi partie des nouvelles
enceintes (5). Malgré cela, la coutume était continuée d'inhumer près des restes des martyrs, et de cette façon l'oubli des
anciennes lois s'introduisait. Pour les rétablir, Théodose
rendit une constitution très rigoureuse : non seulement il
renouvela et confirma l'ancien droit, mais il infligea à celui

(1) Guilielmi Forneril Selectionum lib. I, cap. 23 : Otton. t. ?, p. 22. — Aulu-
Gelle. Nuits attiques. XVI. 13. — Voët, Commentarius ad Pandectas. Cologne
1702, de sepulchro violato, liv. XLVII. tit. 12. — De Fresquet, Droit Romain, des
choses religieuses, t. 1, p. 212. — Cf. César, de Bello Gallico, 1, 28. — Tite
Live, XXX, ch. 57.
(2) Godefroy, Code Théod. loc. cit. — Capitolin. Iu Anton. Pio. c. XII. —
Gutherius. De jure manium. l. II. ch. 33.
(3) L. 12, C. de relig.
(4) Hornstein, Les Sépultures devant l'histoire, l'archéologie, etc., 1868. ch.
IX, p. 133.
(5) Histoire de l'Acad. des Inscript., t. XIII, p. 309.

qui serait en contravention, une peine plus grave qu'aucune de celles prononcées jusque-là. Il s'agissait, pour le présent, d'une amende de cinquante livres d'or, et pour l'avenir de la confiscation, du tiers des biens du délinquant.

73. — Cette constitution, qui figure au Code Théodosien (1), était tombée en désuétude à l'époque de Justinien, qui n'en laisse subsister que la dernière partie dans la loi 2 *de sacrosanct. Eccles.* : « *Nemo apostolorum vel martyrum sedem humandis corporibus existimet esse concessam* (2) ».

Peu à peu, avec le développement des idées chrétiennes, l'usage d'enterrer hors des villes se perdit. Il fut observé dans les Gaules jusqu'après l'établissement des Francs. Un concile de Brague (3), tenu en 563, défendit d'inhumer dans l'intérieur des églises, et rappela à cette occasion la loi des XII Tables; mais il permit les sépultures aux abords du lieu saint.

Par sa constitution 53, l'empereur Léon porte le dernier coup à l'antique coutume. Il la déclare contraire à la loi naturelle et au précepte de l'égalité devant la mort, et la juge capable de mettre entrave à la piété des parents forcément éloignés de leurs morts; il constate, en outre, qu'elle est à bon droit inexécutée et méprisée. En l'abrogeant définitivement, il conclut à l'entière liberté d'inhumation, soit à l'intérieur, soit en dehors des villes.

(1) Code Théodosien, liv. VI, de Sepulch. violat.
(2) Petri Burgii Electorum lib. cap. IV : Otton, t. I, p. 316.
(3) Can. 18, t. III concilior. p. 552, édit. Harduin.

CHAPITRE III.

DES SANCTIONS DU DROIT DE RENDRE UN LIEU RELIGIEUX.

74. Double moyen légal.

74 — Lorsque les conditions que nous avons étudiées dans le chapitre précédent se trouvent réunies, la sépulture est régulièrement établie sur le terrain choisi à cet effet, et lui communique le caractère définitif de *locus religiosus*. L'inhumation ne doit plus alors trouver aucun obstacle. Il est du devoir du préteur à Rome et des présidents dans les provinces de la favoriser et de la protéger, car cette question, qui exige une célérité incompatible avec les lenteurs de la procédure ordinaire, sera de leur compétence (1).

Supposons néanmoins que l'auteur de l'inhumation ou son fondé de pouvoirs (2) soit entravé dans le libre exercice de son droit. Les lois romaines lui fournissent les moyens de le sauvegarder et de le faire reconnaître : c'est la sanction nécessaire, dont nous devons maintenant parler.

Deux voies me sont ouvertes, qui ont chacune leurs avantages et leurs inconvénients et dont le choix dépendra des circonstances (3) :

1° Inhumer ailleurs le cadavre, et intenter ensuite une

(1) D. 1. 38 de relig.
(2) D. 1. 8, § 5, de relig.; l. 1, § 1, de mortuo inferendo.
(3) D. 1. 9 de relig.

action *in factum* pour faire condamner *ad id quod interest* la personne qui met obstacle à mon droit.

2° Recourir à l'interdit prohibitoire *de mortuo inferendo*.

§ 1. — *Action in factum.*

75. Son objet.
76. Sa nature particulière : pénale, perpétuelle et intransmissible.
77. Difficile explication de cette singularité. Rapprochement avec l'action d'injures.

75. — Nous sommes en présence d'une action pénale unilatérale qui a pour objet la réparation du dommage au moyen d'une indemnité égale à la perte subie, sans y comprendre toutefois aucun enrichissement. L'adversaire doit donc être condamné suivant la gravité de l'outrage et dans la mesure de l'intérêt qu'a celui qui inhume à n'être pas troublé dans l'exercice de son droit. Le magistrat prendra en considération l'injure faite et fera entrer dans la condamnation (l. 9. D. *de relig.*) :

Ou le prix du terrain que le demandeur, empêché de faire l'inhumation là où il voulait, a été obligé d'acheter ;

Ou le montant du prix de bail du fonds de terre qu'il a été obligé de louer ;

Ou le prix du terrain à lui appartenant qu'il a été forcé de rendre religieux à la place de celui qu'il destinait d'abord à la sépulture.

76. — Notre action *in factum* est une des rares actions pénales prétoriennes qui soient perpétuelles. En général, elles sont presque toutes annales (1). Nous n'avons point à discuter la conception vicieuse qui chez les Romains faisait limiter à un si bref délai la poursuite d'une dette née d'une lésion in-

____

(1) Gaïus, Instit. IV, § 110. — D. l. 35 pr. obl. et act.

juste, tandis qu'on permettait de réclamer perpétuellement celle qui se fondait sur tout autre motif. L'action accordée contre celui qui apporte un obstacle illégitime à une sépulture fait donc une exception à cette règle à peu près générale. Mais elle offre, en outre, une remarquable particularité. Elle ne peut être exercée que par les deux parties actuellement en cause, de sorte qu'elle est à la fois perpétuelle et intransmissible.

77. — Rien d'étonnant que cette action ne soit pas transmissible aux héritiers, à la différence des actions pénales ordinaires. Elle fait partie de celles qui « *vindictam spirantes* » sont pour cette raison attachées à la personne. Elle a une grande analogie avec l'action d'injures. Celle-ci en effet peut être exercée non seulement toutes les fois qu'une injure est faite au défunt à l'occasion de ses funérailles (1), ou encore lorsque le cadavre a été exhumé et le tombeau mutilé (2), mais aussi lorsqu'on a tenté de mettre obstacle à la sépulture, dit formellement la loi *ult. C. de sepulchro violato.* Or, l'action d'injures est de sa nature intransmissible; il n'est pas surprenant que notre action *in factum,* donnée dans des conditions identiques pour la réparation du même délit, ne passe pas, elle non plus, aux héritiers. De ce que par cette action on ne demande que *id quod interest,* il ne faut pas conclure qu'elle ne comprenne point la *vindictam injuriæ*; elle a en même temps pour but et la réparation de l'injure et la sauvegarde des intérêts particuliers.

Objectera-t-on qu'il faudrait, pour que notre raisonnement d'analogie fût parfait, que l'action d'injures et l'action *in factum* en question fussent de même durée? Or la pre-

<hr>

(1) D. 1. 1, § 6, de injuriis.
(2) D. 1. 8 de relig.; l. 27 de injur.

mière est annuale, et la seconde perpétuelle. Cette dernière a donc le double caractère de perpétuité entre les parties et d'intransmissibilité aux héritiers.

Gaïus relève cette anomalie et s'en étonne (1). Pour continuer notre rapprochement avec l'action d'injures, Voët (2) argumento de la loi Cornelia qui précise des cas spéciaux où l'injure atteint une telle gravité que l'action est perpétuelle (3). Ce sont ceux où une personne a été maltraitée, frappée, ou encore allègue qu'on est entré de force dans sa maison. « Or, poursuit notre auteur, troubler le repos des morts, disperser leurs restes, les priver de sépulture, les chasser de leur demeure, n'est-ce pas un outrage aussi grave que de s'attaquer aux vivants, et de violer leur domicile ? Faut-il s'étonner que l'action donnée pour la réparation de cette injure soit perpétuelle ? » Ce raisonnement spécieux ne nous satisfait pas entièrement. Nous nous bornons à constater la singularité remarquée par Gaïus dans la loi 9, sans chercher à l'expliquer davantage.

§ II. — *Interdit de mortuo inferendo.*

78. Classification des interdits ayant trait aux choses *divini juris.*

79. La protection due à celles-ci paraît avoir été l'origine de la procédure des interdits.

80. L'interdit *de mortuo inferendo* est prohibitoire. Son concours avec l'action *in factum.*

81. Il ne préjuge pas le fond de la question.

82. Son fondement : une *veluti proprietatis causa.*

83. Il est un interdit privé.

84. Il s'applique, ainsi que l'action *in factum,* à tout ce qui se rapporte au fait de l'inhumation.

78. — Les textes qui figurent en tête du titre général des

(1) D. l. 9 de relig. — Cujas, Observat., liv. VIII, chap. XII.

(2) Voët., liv. XI, tit. 8.

(3) D. l. 5 de injuriis. — Maynz, Dr. romain, t. II, § 272. — Faber. Rationalia, ad l. 9 de relig.

Interdits au Digeste (1) les classent suivant qu'ils se rapportent aux *res humanæ* ou aux *res divinæ*. Ceux qui ont trait à cette dernière catégorie se divisent naturellement en deux parts. Les uns concernent les *res sacræ* ; nous n'avons point à en parler. Les autres protègent les *res religiosæ :* ce sont l'interdit *de mortuo inferendo* qui nous occupe, et l'interdit *de sepulchro ædificando* donné contre celui qui met obstacle à l'érection d'un tombeau. Cette distinction, se référant aux choses divines ou humaines, est entièrement dénuée d'intérêt pratique ; mais elle doit être connue et est vraiment utile à qui veut étudier l'origine et la raison d'être des interdits.

79. — Il semble en effet que par cette procédure le préteur ait tout d'abord voulu assurer sa protection aux choses divines et publiques. Étant par leur nature en dehors de tout rapport juridique direct avec les personnes, elles ne présentaient aucun fondement à une action régulière ; et cependant il était nécessaire de garantir l'exercice de certains droits qu'on pouvait avoir sur elles contre des empiètements ou des attaques arbitraires. Au défaut d'une action qu'il lui était impossible de donner, puisque la base légale manquait, le préteur avait recours à son « *imperium* » et portait une défense qui levait l'obstacle opposé. Les premières ordonnances rendues par lui ont donc été des défenses proprement dites dans des cas particuliers, *interdicta*. Bientôt, il alla jusqu'à prescrire des faits positifs. Les ordonnances de ce genre s'appelèrent *decreta*, par opposition aux *interdicta*; mais « cette dernière expression s'employait fréquemment pour les deux espèces, et

(1) D. de interdictis, l. 1. pr.; l. 2, § 1.
(2) Accarias, n° 052.

elle est restée, dans le droit nouveau, comme le terme techni-
que de l'institution (1). »

80. — Notre interdit *de mortuo inferendo* se rattache à la
première catégorie. Il fait partie des interdits prohibitoires (2),
par lesquels le préteur porte défense de commettre certains actes préjudiciables, et qui sont les *interdicta* par excellence. Ils servent à faire rétablir les choses dans l'état où elles
se trouvaient, ou bien à obtenir des dommages-intérêts. Ils
contiennent donc un élément pénal, et il est à remarquer qu'à
ce point de vue ils ont le même caractère que les *in factum
actiones* (3). Dans le droit nouveau d'ailleurs, ils ne diffèrent
avec elles que de nom. Pour expliquer la coexistence de ces
deux procédures parallèles, on doit se rappeler que celle des
interdicta était de sa nature plus expéditive, et que dans la plupart des cas elle aboutissait à la soumission volontaire du défendeur qui se sentait coupable. Nous devons ainsi comprendre dans notre matière le concours de l'interdit *de mortuo
inferendo* et de l'action *in factum* précédemment étudiée.

81. — L'interdit se donne le plus souvent dans un but de
célérité, pour éviter les retards qu'apporterait l'examen ap-
profondi d'une question pendante ; peut-être même sera-t-il
prononcé provisoirement en faveur d'une personne dont les
droits sont très contestés et même seront plus tard déclarés
insoutenables (4).

L'interdit *de mortuo inferendo* ne tranche donc point le fond
de la question de droit, mais favorise simplement le fait ac-
tuel de la sépulture dans un terrain profane ou déjà reli-

(1) Maynz, § 71, t. I, p. 504.
(2) Id., § 284, t. II, p. 534.
(3) Sur le mécanisme des interdits prohibitoires, v. Maynz, § 71.
(4) Voët, liv. XI. tit. VIII.

gieux (1). Aussi les textes nous disent-ils qu'il peut être accordé à celui qui, d'après les principes connus de nous, est incapable d'accomplir une *justa sepultura*, par exemple au nu-propriétaire qui n'a pas le consentement de l'usufruitier, ou au communiste qui n'a pas l'adhésion de ses coassociés (2).

L'inhumation ne peut être ajournée sans inconvénients graves : l'utilité publique, le respect des cadavres, la religion des morts sont des considérations telles que dans les cas douteux où la question de droit n'est point éclaircie, on doit laisser de côté le strict point de vue juridique pour les mettre en honneur (3).

82. — A tout interdit néanmoins il faut une base, la lésion d'un droit. Les uns se fondent sur la violation de la simple possession, ce sont les interdits possessoires ; d'autres sur la méconnaissance du droit de propriété, ce sont ceux qui contiennent « *proprietatis causam* ». Il en est enfin qui s'appuient sur un état juridique analogue à la propriété et comprennent « *veluti proprietatis causam* », c'est le cas de notre interdit *de mortuo inferendo*. Pour l'obtenir, il faut pouvoir invoquer un droit *sui generis* que nous connaîtrons en étudiant la condition légale du lieu religieux (4). Nous verrons que l'établissement du sépulcre laisse subsister une quasi-propriété qui sert de fondement à l'interdit. Une fois l'inhumation faite, s'il y a contestation sur le fond du droit, le juge de l'interdit en connaîtra (5). Il examinera si le demandeur pouvait réelle-

(1) D. de mort. infer. l. 1, § 2.

(2) D. de relig. 1. 43 ; de mort. infer. l. 1, § 2.

(3) D. 1. 43 in fine, de rel'g. — Cujas, Comment. de cette loi. t. IV, p. 149.

(4) Von Ihering, Esprit du droit romain, 3ᵉ édit. 1877, t. IV, p. 314. — Voët, loc. cit. — Accarias, nᵒ 958, 3ᵒ. — De Keller, De la Procédure civile et des actions chez les Romains, ch. IV, § 75, p. 315. — Cujas, Comment. liv. VIIIᵉ du Code, De Interdictis, t. IX, p. 1007.

(5) Pellat, De la Propriété, 2ᵉ édit. 1850, p. 207.

ment inhumer, s'il n'a pas agi en fraude des tiers ; il ordonnera l'enlèvement du cadavre, s'il y a lieu, et fixera l'indemnité à fournir ; il constatera, en un mot, si toutes les conditions requises pour l'établissement du sépulcre sont réunies, et spécialement si l'auteur de l'inhumation est bien vraiment propriétaire absolu du terrain qui devient lieu de sépulture. L'interdit étant fondé sur la *veluti proprietatis causa*, il est naturel que ces questions soient de la compétence du juge qui est appelé à le prononcer, et fassent partie de la même procédure.

83. — Ajoutons que notre interdit ne peut être sollicité que par la personne intéressée. Les interdits sont en effet populaires ou privés, suivant qu'ils compètent à tout le monde, ou qu'ils n'appartiennent qu'à la partie lésée (1). Celui dont nous parlons doit être rangé dans cette seconde classe : le demandeur s'appuie sur un droit qui lui est essentiellement propre, quoique ne figurant pas, à proprement dire, dans son patrimoine, droit qu'un étranger ne pourrait d'aucune manière invoquer à sa place.

84. — L'exercice du droit de sépulture comprend non seulement le fait d'inhumer, mais tout ce qui s'y rattache. L'action *in factum* et l'interdit *de mortuo inferendo* pourront être invoqués toutes les fois et de quelque façon qu'il se trouvera entravé. C'est ainsi qu'ils compètent à la personne qui réclame la servitude de passage à laquelle elle a droit pour accomplir l'inhumation (2). Le sépulcre, comme nous le verrons (3), doit toujours rester d'un libre accès. Lorsqu'il est

(1) Accarias, n° 658, 1°.
(2) D. 1. 1, § 3, de mort. infer.
(3) V. infrà, n° 102.

enclavé dans la propriété d'autrui, bon gré mal gré le passage sera livré (1) ; quand il est établi sur un fonds qui viendra plus tard à être vendu, le droit de traverser ce fonds, pour y accéder, sera nécessairement maintenu (2).

(1) D. l. 12 pr. de relig.
(2) D. l. 10 de relig. ; l. 5 de sepulc. viol.

CHAPITRE IV.

DE L'ÉTAT JURIDIQUE DU LIEU RELIGIEUX

ARTICLE I.

Le « Jus sepulchri » considéré en lui-même.

85. Sa nature.
86 Son affinité avec le droit de propriété.
87. Peut-il être acquis par prescription ? Contradiction des lois 4. *D. de Mort. Infer.* et *6. C. de Relig.*

85. — L'enchaînement logique des idées nous amène à étudier de près le droit *sui generis*, indiqué seulement plus haut.

Il est temps de connaître exactement la condition juridique du lieu religieux, d'examiner son rapport avec la théorie romaine de la propriété, et de déterminer les conséquences qui en découlent. Sans doute, le sépulcre, suivant le point de vue théorique que nous avons envisagé, appartient aux mânes qui l'habitent. Mais il ne s'ensuit pas qu'il soit soustrait d'une manière absolue à la volonté de l'homme. La *causa veluti proprietatis* sur laquelle s'appuie l'interdit *de mortuo inferendo* prouve que, pour pouvoir mettre en exercice ledit interdit, il faut être propriétaire du fonds dans lequel se trouve l'emplacement religieux. Or, d'autre part, cet emplacement est considéré par les textes comme *res nullius, extra commercium*, insusceptible de propriété. N'y a-t-il pas là une contradiction au premier abord inexplicable ?

Disons qu'elle est plus apparente que réelle. La propriété en effet, suivant le mot d'un auteur (1), n'est pas la seule forme de ce qui appartient, et ce serait une erreur que de l'envisager comme l'unique manifestation possible du droit que l'on peut avoir sur une chose. Montrons qu'en rangeant les choses religieuses parmi les *res extra commercium* les textes ne dénient point la possibilité d'un rapport juridique sur elles.

L'existence de ce rapport et ce que les jurisconsultes romains entendaient par *commercium* ne sont nullement des idées équivalentes. Une chose est *in commercio* quand elle peut juridiquement devenir objet de commerce, ainsi qu'en témoignent les expressions elles-mêmes, *merx, mercari, commercium*; mais une chose à qui cette qualité fait défaut et qui par conséquent se trouve insusceptible d'aliénation, n'est point par là même soustraite au service de l'homme. Tout au contraire: il est à remarquer que les *res publicæ*, quoique *extra commercium*, sont celles qui pratiquement rendent le plus de services, car elles sont affectées à l'usage de tous.

L'usage, telle est donc la raison d'être de ces choses; leur utilité est restreinte à cette forme de jouissance spéciale, à l'exclusion de toute autre, particulièrement de celle qui se manifeste par la vente ou la location (2). On ne leur demande que le service auquel elles sont destinées : « *Rebus sacris ad usus sacros utimur, religiosis ad sepeliendos mortuos, rebus publicis ad eas res ad quas singulæ comparatæ patent omnibus* (3). » C'est le même principe que pour les servitudes prédiales et pour la servitude personnelle de l'usage. De tous les éléments de la propriété, l'*uti* seul subsiste; mais cela suffit pour assurer le fondement d'un droit, et de même qu'on

(1) Von Ihering, Esprit du Droit romain, t. IV, p. 311.
(2) Id.
(3) Doneau, liv. XV, ch. XXXVII, § 9, t. IV, p. 845.

ne peut contester l'existence du droit d'usage, de même on ne peut nier la possibilité du *jus sepulchri*.

86. — Ce droit est réellement un droit sur la chose. Les textes ne parlent point seulement d'un *jus prohibendi* (1) de l'ayant droit, mais directement du *jus sepulchri*, des *jura sepulchrorum*, du *jus monumenti* (2). Il est très voisin du droit de propriété, car il contient, nous le savons, *veluti proprietatis causam*, et est exclusif comme lui. Les jurisconsultes romains employèrent expressément le terme de propriétaire du tombeau, *dominus sepulchri* (3). Sans doute, les moyens de protection qui le sauvegardent diffèrent de ceux qui s'appliquent à la propriété, mais ils n'en sont pas moins efficaces. Si, comme nous allons le voir, la revendication du sépulcre est impossible, nous savons que l'interdit *de mortuo inferendo* et l'action *in factum* aboutissent au même résultat. Il fait partie du patrimoine de famille et passe aux héritiers (4) ; il peut même être transféré à un tiers, mais gratuitement bien entendu, et non pas à titre onéreux, car on ne trafique point des choses religieuses (5). On peut discuter enfin la question de savoir si la *longi temporis præscriptio* ne lui donne pas naissance.

87. — Sur ce dernier point deux textes contradictoires sont en présence. La loi 4 D. *de mort. infer.* s'exprime ainsi : « Le *jus sepulchri* ne peut pas être obtenu au moyen de la possession de long temps par celui à qui elle ne compète pas

(1) D. de relig. l. 8, § 1.
(2) D. l. 4 de mort. infer.; l. 8, § 9, de sepulch. violat. ; l. 13, § 7, de damno infecto. — C. l. 6, 8, 13, de relig.
(3) D. l. 6 de sepulch. violat.
(4) V. infrà, n° 113.
(5) C. l. 2, 9, de relig.; l. 14 de legat.

en droit ». D'autre part, dans la loi 6 C. *de relig.* l'empereur Alexandre déclare : « Les inscriptions des monuments ne transféreront aux affranchis ni les *sepulchrorum jura,* ni la propriété du lieu profane. Mais la prescription de long temps, si dans le principe elle a eu une juste cause, leur sera profitable ». Nous ne pouvons expliquer une divergence aussi absolue entre ces deux textes, que par une rédaction fautive du second. Nous croyons que ce qu'il dit au sujet de la prescription de long temps ne doit s'entendre que de la propriété du lieu profane, et nullement des *jura sepulchrorum* : il est difficile en effet de penser que le rescrit d'Alexandre détruise la règle générale posée par Ulpien en des termes aussi précis.

ARTICLE II.

« Le jus sepulchri » vis-à-vis des tiers.

88. Le lieu religieux est *extra commercium.* Conséquences.

88. — Des différentes observations précédentes, il faut conclure que, pour le détenteur du lieu religieux, le *jus sepulchri* est un droit réel, présentant de grandes analogies avec les droits de propriété et d'usage, droit *sui generis,* dont il a le libre exercice et qu'il transmettra à ses successeurs. C'est seulement vis-à-vis des tiers que ce détenteur se trouvera lié ; là apparaît véritablement la condition de *res nullius* qui est attachée au sépulcre. En ce sens, il est bien *extra commercium* ; il ne peut donner fondement à aucun droit de propriété, de possession (1) ou de créance, ni devenir l'objet d'aucune

______

(1) Le lieu religieux ne peut pas plus devenir un objet de possession qu'un objet de propriété. Le cas est expressément assimilé à celui d'un homme libre. Il faut avant tout examiner si le détenteur a eu connaissance de la condition spéciale de la chose, et non pas s'il a bien voulu respecter cette condition.

obligation. Nous allons désormais nous placer à ce point de vue, et envisager les conséquences d'un tel état juridique.

§ I. — *Revendication.*

89. Le sépulcre ne peut être revendiqué.
90. *Quid* des matériaux ayant servi à sa construction ?
91. Hypothèse où aucune inhumation n'a été faite.

89. — Nous avons déjà vu que les moyens de protection accordée aux choses religieuses diffèrent de ceux employés ordinairement par le droit civil. Aux actions proprement dites se substituent les interdits ou la procédure prétorienne des actions *in factum* ; c'est dire implicitement que la revendication des lieux religieux est impossible. Cette action en effet est de pur droit civil ; elle ne s'applique qu'aux choses *in commercio*, et nul ne peut l'exercer s'il n'allègue le droit de propriété quiritaire. Il est donc bien évident que le sépulcre n'est pas susceptible d'être revendiqué : « *Loca sacra, item religiosa, quasi nostra, in rem actione peti non possunt* (1) », et encore : « *jure dominii id nullum vindicare posse* » (2).

Par la même raison, les dégradations qu'aurait éprouvées

« *Locum religiosum aut sacrum non possumus possidere, etsi contemnamus religionem, et pro privato eum teneamus, sicut hominem liberum* ». (l. 30, § 1, de poss.)

Quelques inscriptions relatives à la tradition d'un monument funèbre par la remise de la clef sembleraient contredire ces principes, mais ce n'est seulement qu'en apparence : v. g. : ..... « *inque vacuam possessionem earum ollarum et cinerariorum..... clavis ejus monumenti potestatem facturum se dixit.* » (Orelli. 4358.) On conserve en effet au monument sa destination antérieure ; et la « *vacua possessio* » dont il s'agit ne saurait désigner une possession profane et privée.— Cf. Savigny, De la Possession en droit romain, 7ᵉ édit. 1866, p. 108 et 815.

(1) L. 23, D. de rei vindicatione.

(2) L. 4 C. de relig. — Pothier, Pandectes, t. IV, p. 5.

un tombeau ne donnent pas ouverture à l'action *legis Aquiliæ*, qui n'appartient qu'au *dominus* (1). Le dommage est réprimé par une action spéciale que nous étudierons, l'action *sepulchri violati*.

90. — Tout ce qui a servi à la construction du tombeau devient religieux comme lui, une fois que l'inhumation y a été faite ; par conséquent, dès que ce caractère est imprimé, aucun des matériaux employés ne peut, d'après les principes, être utilement revendiqué. « *Quæ religiosis adhærent, religiosa sunt* » (2). Les pierres dont est formé l'édifice, quand même elles auraient été soustraites à leur propriétaire, ne peuvent, si elles viennent à être détachées, être réclamées par lui au moyen de la revendication, car elles ont la qualité religieuse. Toutefois, la revendication étant impossible pour cette cause, le droit prétorien vient justement au secours de la personne lésée en lui donnant une action *in factum* qui lui permettra d'obtenir leur restitution (3).

91. — Il en serait autrement si le tombeau n'avait pas encore reçu la consécration religieuse qui résulte de l'inhumation ; rien n'empêcherait alors d'exercer la revendication pour recouvrer les pierres détachées de l'édifice. Du moment qu'elles ne font pas corps avec lui, elles peuvent être réclamées par leur ancien maître, sans qu'il y ait à distinguer si le monument a été bâti de bonne ou de mauvaise foi. Au cas où il aurait été érigé *animo donandi*, la donation faite empêcherait évidemment la revendication (4).

Rappelons enfin que, dans l'hypothèse où les pierres sont

(1) L. 2, D. de sepulch. violat.
(2) L. 43 D. de rei vindicat.
(3) Id...., et l. 25, § 5. hoc tit. — Doneau, Jus Civ. l. IV, ch. I, n° 25.
(4) L. 2 C. de rei vindicat.— L. 60 D. h. tit.

encore adhérentes à la construction, il n'est pas possible de les revendiquer, et qu'il faut alors s'en référer aux règles applicables lorsqu'une personne construit sur son propre sol avec les matériaux d'autrui (1).

§ II. — *Vente.*

92. Le sépulcre ne peut être aliéné.

93. Dommages-intérêts accordés à l'acheteur de bonne foi.

94. La conséquence n'est pas de rendre la vente valable.

95. Fondement et mécanisme dans l'espèce des actions *empti venditi.* Quatre hypothèses.

96. Le *locus religiosus* seul est inaliénable.

97. Valeur d'une clause contraire à sa destination religieuse.

98. Un fonds de terre peut-il être vendu sous la condition qu'on n'y établira pas de lieu de sépulture ?

99. Sauf convention expresse, la partie religieuse d'un terrain faisant l'objet d'une vente n'est pas déduite pour le calcul de la mesure de ce terrain.

100. Exception à la règle de l'inaliénabilité du sépulcre : parcelle religieuse enclavée.

101. Application de la formule : « *Si quid sacri vel religiosi est, ejus venit nihil.* »

92. — La conséquence la plus pratique que nous ayons à développer de la condition juridique du sépulcre, est incontestablement son inaliénabilité. La vente étant l'acte de commerce par excellence, il est évident que toute chose *extra commercium* ne peut en devenir l'objet. « *Omnium rerum quas natura, vel gentium jus, vel mores civitatis commercio exierunt, earum nulla venditio est* (2). » Le sépulcre est donc inaliénable, et ne peut à aucun prix entrer dans le patrimoine d'un acheteur. En outre de la nullité de la vente, sous l'empire du Code, il y avait crime de lèse-religion, pour ceux qui, sciem-

(1) Accarias, nº 256.
(2) L. 34, § 1, D. de contrah. empt.

ment, ne craignaient pas d'acheter ou de vendre des choses religieuses (1).

93. — La convention par laquelle une personne s'engagerait à livrer un lieu religieux ne peut donc produire aucune obligation. Toutefois, bien qu'il n'y ait pas une obligation formée, l'acheteur de bonne foi, trompé par le vendeur sur la nature de la chose, pourrait obtenir de lui des dommages-intérêts. Cette décision est mentionnée dans plusieurs lois du Digeste, qui assimilent le plus souvent le cas dont nous parlons à celui de la vente d'un homme libre comme esclave (2). L'analogie n'est cependant pas complète, car l'homme libre n'est point absolument hors du commerce : la preuve se trouve dans la loi 70 D. *De Contrahend. Empt.* qui reconnaît comme efficace et obligatoire la vente qui en serait faite, dans le cas où le vendeur et l'acheteur ignoreraient tous les deux la condition de l'homme qui est l'objet de leur convention. On accorde même, dans cette hypothèse, l'action *empti* en garantie du chef d'éviction (3).

94. — La possibilité pour l'acheteur trompé d'obtenir des dommages-intérêts du vendeur qui a agi frauduleusement, n'a point pour conséquence de rendre valable une vente qui par son objet est radicalement nulle (4). Admettre cette conséquence équivaudrait à dire qu'une convention entachée de nullité

---

(1) L. 1, C. de sepulch. violat. ; l. 21 C. de sacrosanct. eccles.

(2) § 5 Inst. de empt. et vendit. ; l. 4. 5. 6. 31. § 2. 62. § 1. D. de contrah. empt.

(3) L. 39, § 3, D. de evictionibus; l. 25 C. cod. tit. ; D. quibus ad libertat. proclam. « Cette solution est naturelle, car il faut se souvenir que l'homme libre dont on ignore la condition peut être possédé, et que cette possession a tous les effets de celle de bonne foi, à l'exception de la seule usucapion. » (Maynz, § 199, note 13 in fine.)

(4) Maynz, § 199. Observat. 1. — Accarias, n° 602.

peut devenir efficace par le dol de l'une des parties contrac-
tantes. L'obligation imposée au vendeur de fournir des dommages-intérêts est fondée non point sur la vente qui est nulle,
mais sur le dol dont il s'est rendu coupable. Ce serait donc
l'action de dol que l'acheteur devrait pouvoir exercer contre
lui. Si la jurisprudence donne l'action *empti*, c'est pour éviter
l'action de dol, action infamante, qui n'est habituellement
accordée qu'à défaut de tout autre moyen de droit (1).

Cette action *empti* n'est point, à proprement parler, celle
qui naît de la vente, puisque le contrat n'a pu exister, mais une
action, disent les commentateurs, à l'instar de celle qui en
résulte (2). L'obligation n'ayant pas été produite, le contrat
n'a pu se former ; mais il y a eu au moins convention de
vente, et cela suffit, d'après le droit civil, pour donner fondement à l'action. Son montant comprendra, comme la véritable
action *empti*, la mesure de l'intérêt du demandeur, *id quod
interest*, et elle pourra être exercée contre les héritiers du
vendeur.

95. — Examinons sommairement à ce propos les hypothèses
qui peuvent se présenter suivant que les parties sont de
bonne ou de mauvaise foi. La vente est toujours nulle ; seul
le mécanisme des actions varie avec les cas que nous allons
indiquer.

1° Le vendeur et l'acheteur sont tous les deux de bonne foi.
— L'acheteur n'aura point l'obligation de verser le prix, ni le
vendeur celle de livrer la chose. L'action *ex empto* ne pourra
point être exercée pour la réclamation de dommages-intérêts,

(1) H. Savatier, Etude sur le Dol. (Th. de Doct.), nᵒˢ 86 et 87.
(2) L. 8, § 1. D. de relig. — Pothier, Pandect. ad h. l. — Noodt, Id. — Vinnius, liv. III, tit. 24, t. 2, p. 755.

car le vendeur était de bonne foi : si le prix lui a été payé, il devra le restituer. Pour l'y contraindre, l'acheteur aura la *condictio indebiti* et recouvrera ainsi ce qu'il a déboursé par erreur.

2° Le vendeur est de mauvaise foi ; l'acheteur de bonne foi. — C'est l'hypothèse que nous avons étudiée. L'acheteur intentera l'action *empti*, ou plutôt une action analogue à celle qui résulte de la vente, pour obtenir la réparation du préjudice, proportionnellement à son intérêt. Que si le vendeur, pour repousser cette action, allègue la nullité de l'obligation, il le fera sans succès, car le demandeur lui répondra par la réplique de dol. A son tour le vendeur pourra-t-il agir *ex vendito* pour recevoir son prix ? Nullement, car il est de mauvaise foi, et il ne peut forcer l'acheteur qui est de bonne foi à exécuter un contrat nul en lui-même.

3° Le vendeur est de bonne foi ; l'acheteur de mauvaise foi. — Celui-ci n'aura point l'action *empti*, car il n'a point de dommages-intérêts à réclamer ; il n'aura pas non plus la *condictio indebiti* au cas où il aurait versé le prix, car elle n'est donnée qu'à celui qui est dans l'erreur, et la personne qui paie sciemment est considérée avoir fait une donation. Si donc il perd son prix, ce sera la conséquence de sa mauvaise foi.

Le vendeur n'est donc tenu d'aucune action ; mais, de son côté, il ne pourra point agir *ex vendito*. Sans doute cette action compète en principe au vendeur de bonne foi contre l'acheteur de mauvaise foi. Mais il faut se rappeler que l'acheteur ne peut être contraint à exécuter son obligation qu'autant que le vendeur accomplit lui-même la sienne et fournit l'objet vendu. Or, dans l'hypothèse, l'objet, étant *res religiosa*, ne peut être livré ; aucune action ne prendra donc naissance.

4° Le vendeur et l'acheteur sont tous les deux de mauvaise foi. — Comme dans les cas précédents, la vente sera nulle, mais toute action sera impossible aussi bien de la part du vendeur que de la part de l'acheteur (1).

96. — Il n'y a de vraiment religieux que l'endroit où est enterré le mort ; par conséquent cet endroit seul est inaliénable. Tout terrain avoisinant, à moins de déclaration spéciale, demeure profane et peut être vendu (2). C'est ainsi que la loi 73, § 1, *De Contrah. Empt.* dispose que les jardins, cultures et constructions compris dans le mur de clôture d'un lieu de sépulture restent dans le commerce, et, au cas de vente totale du fonds de terre, passent à la propriété de l'acheteur, si une clause contraire n'est pas intervenue (3).

97. — Il va sans dire que tant que le sépulcre n'a pas reçu la consécration religieuse par l'inhumation, il n'est pas sorti du commerce, et peut par conséquent être aliéné comme tout autre édifice particulier. Mais pourrait-il être vendu avec cette clause que l'acheteur n'y enterrera point ceux que normalement il aurait le droit d'y déposer : « *Ne in eum inferrentur quod jus est inferri* » (4) ? Pourrait-on, par exemple, poser comme condition de la vente que l'acheteur ne donnera point dans ce tombeau la sépulture à ses affranchis ?

Un tel pacte, dit la loi 11 D. *De Religiosis*, ne peut produire effet. C'est là assurément une dérogation au principe qui sanctionne la validité des pactes, établi dans la loi 48 D. *De*

----

(1) Cujas, Comment., liv. X. Quæst. Papin. Explic. l. pacta conventa, Op. t. IV, p. 231. — Doneau, Comment. du Code, tit. XL, liv. IV : Op. t. VIII p. 847.

(2) L. 2, § 5, D. de relig ; l. 0 C. h. t.

(3) Cujas, Comment. respons. Papin. liv. III, adl. 73, § 1, de contrah. empt.

(4) L. 11 D. de relig.

Pactis : « *In traditionibus rerum quodcumque pactum sit id valere manifestissimum est* ». Le vendeur n'a en effet aucun intérêt à l'accomplissement d'une semblable clause ; aussi l'acheteur, s'il venait plus tard à être troublé par lui de ce chef dans l'exercice de son droit d'inhumer, pourrait parfaitement exercer l'action *in factum* pour obtenir réparation du préjudice causé (1).

Toutefois, notre loi déclare que cette prétention du vendeur devra être reconnue si elle est exprimée non plus dans un pacte, mais par stipulation.

98. — Rapprochons de l'hypothèse précédente un cas analogue, et demandons-nous si un fonds de terre peut être vendu avec cette clause qu'on n'y établira point de lieu de sépulture.

La loi 61 *De Pactis* au Digeste considérait la clause comme non avenue. Mais elle fut abrogée par la loi ult. *De Pactis inter emptorem et venditorem* au Code. Rien n'empêchera donc que telle soit la condition du contrat de vente. Il peut se faire en effet que le vendeur ait un puissant intérêt à s'opposer à l'établissement d'un sépulcre sur le terrain qu'il aliène. A-t-il, par exemple, un autre fonds de terre dans le voisinage ? Il lui serait désagréable de se trouver sur le passage des personnes qui se rendraient au tombeau, ou sur celui des pauvres qui se réuniraient pour recueillir les débris du festin des funérailles ; il pourrait se trouver incommodé par l'odeur des mets brûlés sur le bûcher... etc. (2). Peu importent d'ailleurs les motifs qui le déterminent ; sa volonté suffit, et

(1) V. suprà, n° 75.
(2) Cujas, liv. XXVII, Pauli ad Edict. Explicat. l. 11 de relig. Op. t. V, p. 331. — Fornerii Selectiones, liv. I, chap. IX. — Otton, t. II.

une telle convention peut parfaitement intervenir entre les parties.

99. — Lorsqu'une vente a pour objet un fonds de terre qui contient un lieu religieux, celui-ci, d'après les principes connus de nous, ne sera point atteint par le contrat. L'acheteur n'aurait donc par conséquent aucun droit d'y faire une inhumation, car il n'en a pas la propriété(1). Mais, bien que ce terrain consacré à la sépulture ne puisse être aliéné, il peut cependant, en vue de la vente même, être compris dans la mesure totale du fonds de terre dont il fait partie, si sur ce point il y a eu accord entre le vendeur et l'acheteur. On déclarera, par exemple, que le champ en question contient mille arpents, sans défalquer l'emplacement occupé par le terrain religieux. Assurément le sépulcre ne sera point compris dans la vente ; mais le vendeur n'aura pas fait une déclaration mensongère, car ce n'est qu'à la condition d'avoir l'assentiment de l'acheteur qu'il pourra ne point faire entrer en ligne de compte le lieu de sépulture.

100. — A la règle de l'inaliénabilité du sépulcre, il faut cependant mentionner une exception remarquable. Si tout le lieu en question, ou même une partie notable de ce lieu, a le caractère religieux, la vente en est évidemment nulle. Mais s'il ne s'agit que d'une fort modique parcelle de terrain (2), elle suit la condition du fonds auquel elle appartient, et tombe dans le patrimoine de l'acheteur, en vertu du principe *accessorium sequitur principale*. Ce n'est point le seul cas où, lorsqu'il s'agit de la transmission d'une universalité, des choses en principe inaliénables deviennent l'objet d'une obligation. Les textes

---

(1) Paul, Sent. liv. I, tit. 21, § 7.
(2) L. 24 D. de contrah. empt.

nous en donnent plusieurs exemples. Pour en citer quelques-uns , rappelons que le mari à qui il est interdit d'aliéner le fonds dotal, peut cependant le transmettre *per universitatem* à son successeur, *titulo institutionis heredis* (1) ; qu'un légataire peut recevoir *per universitatem* une chose dont il n'a pas le *commercium,* si le maître l'institue héritier (2) ; enfin, dans un autre ordre d'idées, qu'une servitude urbaine, bien qu'elle ne puisse être usucapée seule, est susceptible de l'être avec les édifices auxquels elle s'applique (3). D'après le même principe, la vente des jardins et des palais d'Auguste, au témoignage de Tacite, pouvait comprendre les images et les statues du prince, qui cependant en elles-mêmes étaient *res sacræ* (4).

La condition indispensable pour la possibilité de cette vente est donc que la parcelle religieuse fasse partie intégrante du fonds qu'il s'agit d'aliéner. Disons plus: il est même nécessaire qu'elle y soit enclavée. Le vendeur ne pouvant plus traverser son ancienne propriété, ni par suite accéder au sépulcre, il est naturel que la règle *major pars trahit ad se minorem* trouve ici son application. Si au contraire il peut s'y rendre par quelque autre moyen, si, par exemple, la voie publique offre un accès direct au sépulcre, il est certain que celui-ci ne changera point de propriétaire, et qu'il ne saurait être compris dans la vente (5).

101. — Le vendeur qui, dans notre hypothèse, veut néanmoins se réserver le lieu de sépulture enclavé doit en faire la déclaration expresse. C'est dans ce cas, comme le fait

---

(1) L. 1, § 1, D. de fundo dotali.
(2) L. 62, de adquir. rer. dom.
(3) L. 10, § 1, de usurp. et usucap.
(4) Tacite, Annales, I, 73.
(5) L. 53, § 1, D. de actionibus empti

remarquer Ulpien (1), que se trouve justifiée l'utilité de la formule habituellement employée dans les ventes des fonds de terre : « *Si quid sacri vel religiosi est, ejus venit nihil* ». Ce serait donc une imprévoyance grande de la part du vendeur que de ne pas stipuler cette clause ; car, à son défaut, la propriété du sépulcre, s'il n'est pas contigu à un chemin public, passerait à l'acheteur, qui pourrait, pour se faire délivrer le tout, intenter l'action *ex empto* (2).

§ III. — *Servitude Itineris ad sepulchrum.*

102. Comment elle s'établit.
103. Son fondement.
104. Elle ne se perd pas par le non-usage.

102. — En même temps qu'il se réserve le sépulcre, le vendeur doit se réserver, sur le fonds qu'il aliène, un passage pour y accéder (3). Si le contrat principal n'en fait pas mention, des conventions ultérieures interviennent habituellement entre les parties pour régler ce point. Au cas où leur expression formelle ferait défaut, elles devraient tout naturellement être supposées (4), car on ne peut concevoir un sépulcre sans l'*iter*, l'*aditus* et l'*ambitus*, nécessaires à l'accomplissement régulier des rites funéraires (5).

(1) L. 22, D. de contrah. empt. — Cujas, Comment. tit. I, de Actionibus empti, ad l. 53, § 1 ; t. VII, p. 801. — Ant. Faber, de Erroribus, Lyon, 1558, t. I, Décad. XXVI, Error VIII, nº 11.

(2) L. 53, § 1, de actionibus empti.

(3) L. 10, D. de relig. — De Fresquet, Droit Romain, des choses religieuses, t. I, p. 211.

(4) Cujas, Comment. liv. X, Quæst. Papin. Explic. l. pacta conventa, t. IV, p. 233. — Id. liv. VIII, in fine, id., l. 10 de sepulc. violat. — Noodt, Observ. liv. II, ch. 27.

(5) L. 10, D. de sepulch. violat. — Sur le véritable texte de cette loi' l'opinion des commentateurs se divise. La Florentine porte : « ut ad sepulchra

Tout sépulcre doit donc avoir son accès libre, et le propriétaire voisin est tenu de procurer le passage indispensable à cet effet. Il l'accordera à titre précaire ou moyennant indemnité. Dans le premier cas, ce sera de sa part acte de bon voisinage, conséquence d'un arrangement à l'amiable. Dans le second, le préteur fixera lui-même la somme à verser, et, ayant égard à la situation des lieux, la déterminera de telle sorte que le voisin, par suite de cet abandon, n'éprouve pas un dommage considérable (1). C'est le principe d'expropriation que nous trouvons dans le droit français, quand il s'agit de l'agrandissement des cimetières (2).

103. — Nous sommes donc en présence d'une véritable servitude. Objectera-t-on que le fondement nécessaire à son établissement fait défaut, puisque toute servitude ne peut être établie qu'au profit d'un propriétaire, d'un *dominus prædii*, et que le lieu religieux n'est la propriété de personne ? Sans doute, nous pourrions répondre en disant qu'il y a là une exception à la règle générale, et alléguer le motif de faveur pour la religion (3). Mais le jurisconsulte Paul nous donne en outre une explication exclusivement juridique. Il nous apprend que la servitude *itineris ad sepulchrum* reste de droit privé. Par suite, ajoute-t-il, elle peut être acquise même après que le sépulcre a reçu définitivement le caractère religieux, et pour la même raison elle peut être remise au propriétaire du

quæ in fundis sunt, *iter ejus aditus*, ambitus funeris faciendi sit ». Cujas lit : « *iter et jus aditus* » (liv. XIII Observ. C. 36), et dans un autre endroit : « *itus a litus* » (Comment. Quæst. Papin. liv. VIII in fine). — Noodt, invoquant de vieilles inscriptions, adopte la version de « *iter eis aditus* ». (Noodt, Observat. liv. II. ch. 27. — Gruter, Corpus Inscript. p. 611. Inscript. 13.) La question est sans importance, car elle ne modifie en rien le sens de la loi.

(1) L. 12, pr. de relig.

(2) Brunemann, liv. XI, tit. 7, ad l. 12.

(3) Francisci Duareni Opera. Lucques, 1765. De Servitutibus, t. I. p. 346.

fonds servant (1). Si elle est de droit privé, c'est donc que le fonds auquel elle est due est lui-même de droit privé, la servitude suivant toujours la condition du fonds dominant. Par conséquent, elle n'est point due au sépulcre en sa qualité de chose religieuse, car elle deviendrait alors *res divini juris*, de même que lorsqu'un lieu devient public, la servitude qui lui est attachée prend, elle aussi, le même caractère (2). Puisque notre servitude demeure *juris privati*, il faut lui reconnaître sa base dans cette *veluti proprietatis causa* dont nous avons parlé, qui subsiste après l'inhumation au profit du propriétaire, et qui lui permet d'exercer les droits et actions dans les limites que nous connaissons.

104. — La servitude *itineris ad sepulchrum* présente cette différence remarquable avec les autres servitudes, qu'elle ne se perd pas par le non-usage. Un texte de Paul le déclare expressément : « *Ita sepulchro debitum, non utendo nunquam amittitur* » (3). La nature même de cette servitude semble la cause rationnelle d'une telle dérogation à la loi habituelle qui régit la matière. Le fait de la sépulture ne se présente point à des intervalles déterminés ; il adviendra, par exemple, que dans une famille un espace de temps plus ou moins long s'écoule sans qu'il y ait lieu de procéder à l'inhumation de l'un de ses membres. On ne peut donc fixer d'avance aucun terme à l'expiration duquel cette servitude s'éteindrait par le non-usage. Certains auteurs estiment toutefois qu'elle prendrait fin au cas où l'on constaterait qu'après plusieurs décès successifs, les morts ne seraient plus enterrés dans le lieu habi-

---

(1) L. 14, § 1, D. de servitut. — Doneau. liv. XI, ch. IX, § 22, Œuvres, t. III, p. 308.

(2) L. 25, § 2, D. de servitut. prædior. rustic.

(3) L. 4, D. quemadm. servit. amittunt.

tuel de la sépulture de famille ; il y aurait alors abandon tacite du sépulcre. Conformément à l'opinion de Cujas et contrairement à celle de Doneau, nous n'admettons point cette dernière exception. L'intermittence forcée des inhumations n'est pas la seule cause de la dérogation au principe ; il y a d'autres servitudes, en effet, qui ne s'exercent qu'à des intervalles irréguliers et qui s'éteignent cependant par le non-usage (1). Le vrai motif est celui de l'entière indépendance laissée aux manifestations des pieux devoirs de famille ; quand bien même de nouvelles inhumations ne surviendraient plus, l'accès du sépulcre ne devrait pas moins rester libre. Le passage dont nous parlons est requis non seulement pour permettre le transport du défunt à sa dernière demeure, mais encore pour faciliter l'accomplissement des rites funéraires aux jours marqués, et rendre la visite du tombeau aussi fréquente que le décidera pour chacun la piété envers les morts (2).

§ IV. — *Stipulation. — Legs. — Gage. — Servitude. — Partage. — Usucapion et prescription.*

105. Application des principes posés.
106. Le sépulcre ne peut faire l'objet d'une stipulation.
107. Il ne peut être légué.
108. Il ne peut être donné en gage.
109. Il ne peut supporter un droit de servitude.
110. Il ne peut être partagé.
111. Il ne peut être usucapé ou prescrit.

105. — Les développements que nous venons de donner, à propos de la vente, sur la condition légale du sépulcre, pour-

(1) L. 6, l. 7, D. quemadm. servit. amitt.
(2) Cujas, Comment. liv. XXVII. Pauli ad Edictum. Explicat. l. 4, quemadm, serv. amit. Op. t. V, p. 380. — Doneau, liv. XI, chap. 18, § 21. Op. t. III. p. 406. — Corasius, ad l. 44, § 1, de Servit., nᵒˢ 4 et 5. — Merillus, Explicat. tit. D. de Servitutibus : — Otton, t. III, p. 646.

raient être reproduits à l'occasion de tous les faits juridiques. Le principe étant le même, les conséquences sont nécessairement semblables. Ce lieu, étant *extra commercium*, ne peut fournir l'objet d'aucune obligation.

106. — De même donc que la vente, la stipulation qui porterait sur un lieu religieux, serait nulle. Il ne faut cependant pas les assimiler absolument. La stipulation inutile ne donne point naissance à des dommages-intérêts au profit du stipulant. En cas de vente, au contraire, on peut, dans certaines circonstances, en obtenir par l'action *ex empto*, ainsi que nous l'avons vu. Cette différence entre les deux contrats se rattache à la distinction plus générale que l'un est de droit strict, et l'autre de bonne foi (1).

107. — Nul serait aussi le legs qu'une personne ferait d'un sépulcre. On ne saurait en effet léguer une chose dont on n'a pas le *commercium*. Mais si, pour cette raison, le legs du tombeau est impossible, il n'en est pas ainsi du droit de sépulture lui-même. « *Monumenta quidem legari non posse manifestum est,* dit la loi 14, C. *De Legatis : Jus autem mortuum inferendi legare nemo prohibetur* ». Ce droit est un droit privé, engendrant des moyens de protection privés, que nous connaissons ; il est naturel que celui qui en a la jouissance puisse en disposer au profit de la personne qu'il jugera la plus digne de son choix (2).

108. — Les lieux religieux ne peuvent être donnés en gage, et à plus forte raison les cadavres qui y sont déposés (3).

---

(1) Cujas, Comment. Dig. liv. XVIII, tit. I, de contrah. empt., l. 4, 5, 6. Op. t. VII, p. 677. — Id. Institutes, ch. XIX, § 2. — Accarias, n° 602.

(2) Doneau, Explicat. l. 14, C. liv. VI, tit. XXXVII.

(3) L. 3, C. quæ res pignori oblig.

La coutume contraire semble avoir été adoptée par les Égyptiens, qui remettaient parfois à leurs créanciers, jusqu'au paiement de leurs dettes, les corps de leurs parents (1).

109. — Si le sépulcre peut bénéficier de l'établissement d'une servitude qui est indispensable à son usage, — la servitude *itineris ad sepulchrum*, — la réciproque n'est pas vraie. Le lieu religieux deviendra donc fonds dominant ; mais il ne sera jamais fonds servant. (L. 14, § 2, D. *De Servituti-bus.*)

110. — Lorsqu'est intentée une action en partage d'une succession comprenant un sépulcre, elle ne s'applique point à ce sépulcre. Il restera indivis entre les différents cohéritiers, qui y conserveront tous un droit égal à l'inhumation. Cependant le terrain profane qui l'entoure, s'il est contigu à une habitation, appartiendra à celui qui, en vertu du partage, aura reçu dans son lot cette habitation. Seul le sépulcre ne sera pas divisé (2). Nous aurons occasion de revenir sur ce point à propos des sépulcres de famille.

111. — Les Institutes mentionnent un certain nombre de choses qui ne peuvent être usucapées par aucun laps de temps et bien qu'elles aient été possédées de bonne foi, spécialement l'homme libre, l'esclave fugitif et les choses sacrées ou religieuses (3). Ce texte est confirmé par la loi 9 D. *De usurpationibus et usucapionibus.*

Nous ne parlons ici, bien entendu, que du lieu de sépulture ; quant au *jus sepulchri*, nous avons vu que la question

---

(1) Balduinus, de pignoribus et hypothecis : Heineccius, t. I, p. 285.
(2) L. 4, 1. 9, C. de relig.
(3) Institutes, liv. II, tit. VI, § 1.

do savoir s'il peut être prescrit n'est point tranchée, et que la conciliation entre la loi 4, D. *De Mort. infer.*, et la loi 6, C. *De Religiosis*, paraît difficile à établir (1).

(1) V. suprà, n° 87.

CHAPITRE V.

DES SÉPULCRES APPARTENANT A UNE UNIVERSALITÉ.

112. Le *jus sepulchri* peut appartenir à un seul ou à plusieurs.

112. — Après avoir étudié le « *jus sepulchri* » en lui-même, nous nous proposons de l'envisager dans ses différentes applications. Toute personne pourra l'exercer librement, si elle n'en est pas indigne ou incapable, ou si par sa condition sociale elle ne s'en trouve pas privée. A sa volonté, elle rendra son terrain religieux, en y déposant un mort. Elle se choisira pour elle-même un lieu de sépulture ; elle le destinera à l'inhumation de son conjoint en même temps qu'à la sienne, si elle le désire ; elle y admettra enfin telles ou telles personnes, suivant ses intentions.

Les choses se passent ainsi lorsque le tombeau est la propriété (1) d'un seul individu. Mais il y a des cas où le droit au sépulcre est partagé entre plusieurs ; chacun alors l'exercera pour sa part, sans qu'il puisse être troublé par le droit égal des autres. C'est ce que nous allons constater en parlant des sépulcres héréditaires et de famille, et des sépulcres communs.

(1) Nous savons suffisamment quel sens il faut, en notre matière, donner au terme *propriété*.

ARTICLE I.

Sépulcres de famille et héréditaires.

113. Leur raison d'être déduite de l'organisation de la famille antique.
114. Origine. Sépulcre de la *Gens*.

113. — Le dernier désir du Romain mourant à l'étranger est de pouvoir faire réunir ses cendres à celles de ses ancêtres. Pour obtenir le transport de ses restes dans la patrie, il n'est pas de moyens qu'il ne tente : parfois, nous apprend la loi 30, § 2, D. *de adimendis vel transferendis legatis*, il en fait la condition d'existence d'un legs (1). Pour lui en effet, c'est la certitude du repos après la mort. Il est sûr que les survivants de la famille ne négligeront point les offrandes funèbres, et que, dans le but de l'empêcher, de tomber au rang de démon malheureux ou malfaisant, ils accompliront les rites prescrits que leur postérité leur continuera à eux-mêmes, lorsqu'ils ne seront plus. C'est bien là un des caractères les plus remarquables de la famille antique. Elle a grand intérêt à se perpétuer ; car une famille qui s'éteint, c'est un culte qui s'en va, et toute la série de ses morts tombe dans l'oubli et l'éternelle misère. Ainsi les morts ont besoin des vivants, et, au moment de disparaître, ils sont heureux d'emporter la certitude qu'il y aura toujours un homme de leur sang pour offrir les funèbres sacrifices. On voit par là l'importance que tenait dans l'antiquité le tombeau de famille, et avec combien de raison Cicéron pouvait dire : « *Magnum est enim eadem habere monumenta*

(1) Tussanus de la Rue, Amœnæ juris observationes, ch. 8. ; Otton, t. V, p. 1499.

majorum, iisdem uti sacris, sepulcra habere communia (1) ».

Chaque famille avait donc un lieu de sépulture qui faisait partie essentielle de son patrimoine, et où ses membres venaient reposer l'un après l'autre.

114. — Il faut faire remonter au tombeau de la *gens* l'origine de cet usage. Parmi les droits essentiels qui appartenaient aux personnes composant la *gens*, le partage d'un sépulcre commun était aussi important que celui des *sacra*. Le monument recevait donc tous les membres de la *gens* qui portaient le même nom ; et si une famille venait à s'en détacher, l'érection d'un nouveau sépulcre devenait aussitôt nécessaire. Tant que subsista son organisation et l'union étroite de ses membres, la *gens* garda son tombeau, c'est-à-dire jusque sous l'Empire : c'est alors que nous rencontrons les sépulcres de famille ou héréditaires dont nous allons parler (2).

§ I. — *Sépulcre de famille.*

115. Des personnes qui y sont admises.
116. Il est ouvert aux enfants émancipés.
117. Il l'est également aux enfants exhérédés.
118. Les affranchis y ont-ils droit ? Controverse.

115. — C'est celui, dit la loi 5, D. *de relig.*, que l'on s'est construit pour soi et sa famille. Il est ouvert aux agnats et aux héritiers.

1° Peuvent y prendre place les personnes qui composent la parenté civile. De même que le droit de faire les sacrifices

---

(1) Cicéron, De Officiis, liv. I, ch. XVII.
(2) Marquardt. Privatleben, I, p. 353. — L. 5. 1. 6. D. de relig.

au foyer, celui d'accomplir les rites funèbres ne se transmet que de mâle en mâle, et le culte des morts ne s'adresse qu'aux ascendants en ligne masculine dans la famille (1). La parenté a pour fondement ce culte, et non point le fait de la naissance. Les seuls agnats sont donc inhumés dans le sépulcre. Sans doute, à mesure que s'adoucirent les règles austères de cette religion domestique, il s'ouvrit aux autres parents, et les cognats finirent par y être admis au même rang.

Néanmoins, le Code de Justinien maintient encore la distinction dans la loi 8 *de relig.* qui refuse la sépulture dans ce tombeau « *ad affines et proximos cognatos* ».

2° Le droit au sépulcre de famille pour les parents est absolument indépendant de la qualité d'héritier. Il importe donc peu qu'ils aient été institués ou qu'ils aient accepté la succession. Toutefois les héritiers eux-mêmes y trouveront place, quand bien même ils seraient étrangers (2). En les appelant à sa succession, le testateur les fait entrer vraiment dans sa famille, et les établit ses représentants. A ce titre peuvent être inhumés les cognats ou alliés qui n'y auraient point droit par eux-mêmes. C'est donc à titre de membre de la famille que l'héritier trouve place dans ce sépulcre ; il n'en acquiert point pour cela la propriété et n'y peut déposer aucun des siens (3).

116. — Les enfants émancipés conservent leur droit au sépulcre. Sans doute, ils n'appartiennent plus à la famille ; mais il faut reconnaître là que les liens du sang ne sont point rompus par le droit civil (4). D'ailleurs, s'ils n'y avaient pas

(1) Fustel de Coulanges, Cité antique, liv. II, ch. v.
(2) L. 13, C. de relig.
(3). Orelli, 4392.
(4) L. 8, D. de reg. ur.

été admis comme fils de famille, ils auraient pu l'être comme héritiers : la *bonorum possessio contra tabulas* peut leur restituer les droits perdus par leur émancipation (1). Au demeurant, ils ont été héritiers à un moment donné : cela suffit ; le droit au sépulcre une fois acquis ne se perd plus.

117. — Le même principe doit s'appliquer aux enfants exhérédés. Ils demeurent toujours les enfants du père de famille : l'exhérédation peut, du reste, avoir eu lieu dans un but favorable à leur postérité, par exemple afin d'enlever l'hérédité à un fou ou à un impubère, et de pratiquer la succession fédéicommissaire. En tous cas, un motif d'humanité exige qu'ils ne soient pas privés de la sépulture dans le tombeau de famille. On la leur accorde donc à eux et à leurs descendants ; mais défense leur est faite de transmettre le *jus sepulchri* à des étrangers. Ajoutons que le testateur est toujours libre, d'ailleurs, de les priver expressément du droit de sépulture (2).

118. — Une question plus délicate est celle de savoir si les affranchis peuvent prétendre au sépulcre de famille. Les rapports étroits qu'ils conservent avec leurs patrons sembleraient bien devoir leur conférer ce droit. Ils sont associés au culte de la famille ; ils portent son nom, et participent aux *sacra gentilitia* (3). Aussi a-t-on pu remarquer, non sans apparence de raison, que, loin de leur être refusé, ce droit devrait toujours leur être accordé, même dans le silence du testateur à ce sujet (4). Certains auteurs ont prouvé par des inscriptions

(1) L. 1, § 6, D. de bonor. poss. cont. tabul. — A. Faber, Rationalia, ad l. 6, de relig.

(2) Suétone, Auguste, cap. ult. — Noodt, ad l. 6, de relig. — Faber, id.

(3) Willems, Droit public romain, 4ᵉ édit. Des « Cives libertini ».

(4) Fernandez de Retes : Meermann, Thesaurus, La Haye, 1752, t. V l, p. 17. — Brissonius, Selectarum antiquitatum lib. II, cap. 14, p. 54. Leyde, 1749.

que la punition ordinaire du *libertus impius* et *ingratus* aurait été l'exclusion de ce droit (1). Il faut toutefois reconnaître que les textes le leur dénient formellement.

Recherchons-en l'explication dans les conséquences des principes que nous avons étudiés. Les affranchis ne sont point les agnats du patron, et, à moins d'être spécialement institués héritiers, ils n'ont point de vocation héréditaire. La loi ult. C. *de Verbor. signific.* les appelle cependant *de plano* à recueillir à la place du patron, dans le cas particulier d'un legs laissé à la famille ; elle règle alors l'ordre de succession, au profit des enfants d'abord, puis successivement des gendres, de la bru, des affranchis, les uns au défaut des autres. Mais le texte n'a pas une portée générale. Autrement il faudrait reconnaître le *jus sepulchri* au gendre et à la bru, ce qui serait en contradiction formelle avec la loi 8 C. qui le refuse aux alliés (2).

Mais si l'affranchi est institué héritier, nul doute qu'à ce titre il n'ait le *jus sepulchri*. La loi 6, D. *de religios.* prend soin de déclarer que c'est la seule hypothèse où l'affranchi peut l'obtenir ; en tous autres cas il en est exclu, nonobstant les inscriptions contraires qui pourraient se trouver sur les monuments. Cette loi prévoit par conséquent le cas où une personne, en construisant le sépulcre, y aurait inscrit d'une manière apparente qu'elle l'a érigé pour elle et ses affranchis : « *sibi libertisque fecisse* ». Les inscriptions à Rome avaient une réelle valeur ; elles contenaient en elles-mêmes une forte présomption et mettaient toujours au moins la preuve du contraire à la charge de l'adversaire. Quand elles figuraient

<hr>

(1) Willems, op. cit. p. 113. — Marquardt, Manuel d'antiquités romaines, Leipzig, 1843-67, t. I, p. 366, n° 2346. — Orelli, Inscript. 4434, 4436. — Wallon, Histoire de l'esclavage dans l'antiquité, 2ᵉ édit., p. 479 et 502.

(2) A. Faber, Rationalia, ad 1. 6, de relig.

sur les monuments publics, leur témoignage était encore plus grave, ainsi que le dit la loi 10 D. *De Probationibus:* « *Census et monumenta publica potiora testibus esse senatus censuit* ». A vrai dire, celles qui se trouvaient sur les tombeaux n'avaient pas ce dernier caractère, car les sépulcres étaient des édifices privés; quoi qu'il en fût, la volonté qu'elles exprimaient était impuissante à modifier la loi, et, dans le cas qui nous occupe, il est évident qu'elles ne suffisaient point pour donner le *jus sepulchri* aux affranchis (1).

Nous retrouvons la même déclaration dans la loi 6 C. *De Relig.* qui confirme la loi correspondante du Digeste. Ni les inscriptions des monuments, dit-elle, ni la propriété du lieu profane (c'est-à-dire du terrain qui entoure le lieu religieux) ne transfèrent aux affranchis le droit au sépulcre.

§ II. — *Sépulcre héréditaire.*

119. De ceux qui peuvent y recevoir la sépulture.
120. La volonté du testateur souveraine.
121. L'héritier fidéicommissaire y est admis comme l'héritier fiduciaire. Opinion contraire de Doneau.

119. — On appelle ainsi le sépulcre qu'une personne a élevé pour elle et ses héritiers, ou bien encore qu'un père de famille a acquis par droit de succession (2). L'héritier en a la pleine propriété et peut le transmettre.

1° Tous les héritiers y sont admis. On entend par là tous ceux qui ont eu, à un moment donné, une vocation successorale quelconque, testamentaire ou *ab intestat* même pour une

---

(1) Cujas, Comment. liv. X, Quæst. Pap. Expl. l. pacta conventa. — Noodt, Comment. liv. XI, t. VII, ad l. 6. — A. Faber, Rationalia, id. — Gutherius. de jure manium, ch. 9.

(2) L. 5, l. 6, D. de relig.

part infime, tous les successeurs de droit civil et de droit prétorien, les étrangers qui ont obtenu l'*addictio bonorum* (1) ; il faut y ajouter l'héritier indigne, et l'héritier fiduciaire qui a restitué la succession en vertu d'un fidéicommis, car leur situation présente ne leur enlève pas le bénéfice de leur vocation première (2).

2° En dehors des héritiers, le *jus sepulchri hereditarii* compète à tous les descendants, agnats ou cognats, sans distinction de sexe ni de degré, aux enfants émancipés comme à ceux qui demeurent sous la puissance paternelle, qu'ils soient héritiers ou non ; il est accordé aussi aux exhérédés, d'après le principe énoncé plus haut, et suivant les mêmes conditions (3).

120. — L'héritier ne doit rien faire contre la volonté du testateur. Celui-ci peut avoir pris soin d'interdire toute inhumation dans le sépulcre héréditaire. L'héritier devra s'y conformer, sous peine de s'exposer à l'action *sepulchri violati*. De même, si le testateur a déclaré que le droit d'inhumer n'appartiendra qu'à un seul des héritiers, cette disposition devra être observée (4). Il leur est interdit de partager ce droit de leur propre initiative à l'effet de l'abandonner à un seul ; ils le reçoivent tel qu'il est, et tel que le testateur le leur transmet ; ils ne peuvent pas plus en disposer entre eux qu'à l'égard des étrangers.

121. — Nous avons mentionné que, dans le cas du fidéicommis d'hérédité, le *jus sepulchri* est accordé à l'héritier fiduciaire ; faut-il le donner aussi au fidéicommissaire ?

(1) L. 4, § 21, D. de fideicom. libertat.
(2) L. 33, D. de relig. — L. 42, § 1, D. ad senatusc. trebell.
(3) Ant. Faber. Cod. liv. III, tit. xxv, defin. 10, note.
(4) L. 3, § 3, D. de sepulc. violat.

Doneau se refuse à lui reconnaître ce droit (1). Pour soutenir sa théorie, il invoque le texte de Paul que nous avons déjà rencontré : « *Restituta hereditate jura sepulchrorum apud heredem remanent* » (2). Il ne se laisse point arrêter par les termes de la loi 6 pr. D. *De Relig.*, qui donne le droit de sépulcre héréditaire et de famille à tous les héritiers et autres successeurs, quels qu'ils soient, « *heredibus cæterisque succes- soribus, qualescumque fuerint* » ; il comprend ce texte dans le sens que telle ou telle catégorie de successeurs peut être admise au sépulcre, mais non plusieurs à la fois. Enfin il applique à faux, croyons-nous, la règle de droit qu'il ne peut y avoir deux héritiers pour le tout à un même objet (3), et se retranche derrière le principe que le *jus sepulchri*, étant un droit inhérent à la personne de l'héritier, ne saurait être transmis par fidéicommis.

Nous devons rejeter ce système. Sans doute, si nous avions à choisir entre le fiduciaire et le fidéicommissaire, il serait naturel de donner de préférence au premier l'entrée au sépulcre, car c'est lui qui tout d'abord a été directement institué héritier ; mais rien ne s'oppose à ce que l'un et l'autre y soient admis.

Contre l'argument tiré du texte de Paul, nous dirons qu'il faut interpréter dans son vrai sens le mot « *remanent* ». Il signifie que le *jus sepulchri* demeure à l'héritier fiduciaire, mais nullement qu'il ne puisse en même temps passer, au fidéicommissaire. Ce droit sera partagé entre eux comme entre tous autres successeurs. La loi 6 *De Religiosis* en effet

---

(1) Doneau, Jus civ., liv. VII, ch. XXV, § 9 ; t. II, p. 617. — Chifletius, de Substitutionibus, cap. VI et VII : Otton, t. V, p. 686 et 689. — Noodt, Comment. liv. XI, t. VII.

(2) L. 42, § 1, D. ad senatusc. trebell.

(3) L. 141, § 1, D. de regul. jur.

ne distingue point par catégories ; elle admet au sépulcre tous ceux qui ont une vocation héréditaire quelconque, civile ou prétorienne. L'entrée en est permise aux enfants exhérédés, aux étrangers qui ont demandé l'*addictio bonorum* ; rien de surprenant qu'elle ne soit pas refusée au fidéicommissaire qui succède réellement au testateur. Quant à la règle de droit décidant qu'il ne peut y avoir deux héritiers pour le tout à un même objet, nous répondrons que nous sommes là en dehors de son application ; on ne peut assimiler le cas présent au conflit de deux héritiers en face de la même succession. Ajoutons enfin que le *jus sepulchri* est bien sans doute un droit attaché à la personne, mais précisément à la personne de l'héritier, quel qu'il soit ; si donc plusieurs se trouvent ayant la vocation héréditaire, ce droit passera à chacun d'eux.

ARTICLE II.

Sépulcres communs.

122. —En dehors des sépulcres de famille et héréditaires, il nous faut signaler les sépulcres communs. C'est surtout autour des villes et de Rome en particulier qu'on les rencontre. Dans les provinces en effet, dans les régions rurales, les personnes peu fortunées pouvaient encore acheter pour elles et les leurs un emplacement, si exigu qu'il fût ; mais aux portes d'une grande agglomération, le terrain, étant plus recherché, a une valeur plus grande.

On formait alors une société pour élever le sépulcre à frais communs. Une fois qu'il était construit, on se le partageait, et chacun devenait propriétaire exclusif de la portion qui lui était attribuée. Une fois sa mission terminée, la société ce dissolvait naturellement. Ces associations entraient dans la catégorie des *societates alicujus rei* dont nous parlent les textes.

Les inscriptions ont conservé la mémoire de ces sortes de contrats. Le plus grand nombre a trait aux *columbaria*, qui autour de Rome étaient le mode préféré de construction des tombeaux, parce qu'ils nécessitaient moins de terrain, et que l'on gagnait en hauteur ce que l'on perdait en étendue.

L'inscription suivante se rapporte à un *columbarium* construit à frais communs par quatre personnes. Il contenait la place de **20** urnes (*ollæ*), ce qui faisait cinq *ollæ* pour chaque associé; la répartition se faisait dans ce cas par parts viriles : « *C. Causinius, Scolæ libertus, Spinter, in hac societate primus curator factus est, et hoc monumentum ædificandum expoliendum curavit, sociisque probavit. Habet partes virile squatuor, ollas viginti. Campia Lucii liberta Causinio, sibi et suis* (1). »

Parfois les places étaient attribuées inégalement, les apports des associés ayant été sans doute différents. De plus, on pouvait céder son propre emplacement ; nous en trouvons la preuve dans l'inscription suivante de Bologne : « *Sibi et suis, Aulus Fabius, Auli libertus, Philarcurus, curator tertius, ex sor-*

____

(1) « C. Causinius Spinter, affranchi de Scola, a été le premier curateur de cette société. Il a construit et orné ce monument, et l'a livré aux associés. Le monument se répartit en quatre parts viriles et contient vingt *ollæ*. » (Wilmanus, **Exempla inscript. latin.** n° 336.)

litione ollas sex et emptas ollas duasde Cornelio Felice ex sorte prima et a Maclonio Sabino ex sorte tertia. Ollas (acceperunt) C. Vetienus, Gaii libertus, Philadelphus, Vetiena Gaii liberta Nyissa » (1).

Plus loin : « *M. Peperna Æschinus emit ollas III. de Diani Erote* » (2). Et encore : « *L. Cornelius, Lucii libertus, Regillus ollam legavit Marco Valerio, Marci liberto, Frontoni* »(3).

123. — A côté de ces sépulcres élevés par des personnes qui n'étaient unies par aucun autre lien qu'un contrat de société civile, il faut placer les sépultures des collèges d'artisans.

Il ne nous appartient pas de donner des détails sur ces corporations. Disons seulement que leur origine remonterait, d'après les historiens, au règne de Numa, qui en aurait créé huit. Ils subirent, sous la République et surtout pendant les guerres civiles, des vicissitudes diverses. Sous l'Empire, ils atteignirent leur plein développement : leur nombre se multiplia avec des variétés presque infinies, et la place qu'ils tiennent dans l'histoire du travail et de l'organisation des basses classes à cette époque est considérable.

Or parmi les obligations de ces collèges, certaines regardaient les confrères défunts. Les membres de la corporation assistaient aux funérailles ; une certaine somme, appelée *Funeraticium*, était comptée à l'héritier du mort pour subvenir aux frais de la sépulture et des cérémonies funèbres qui

---

(1) « Pour lui et les siens, Aulus Fabius Philarcurus, affranchi d'Aulus, trois sième curateur, a six *ollæ* faisant partie de son lot, et deux achetées de Cornelio Félix, destinataire du 1er lot, et de Maclonius Sabinus, propriétaire du troisième lot. C. Vetienus Philadelphus, affranchi de Gaius, et Vetiena Nyissa, affranchie de Gaius, ont reçu des *ollæ*. » (Willmanns, op. cit. n° 335.)

(2) « M. Peperna Æschinus a acheté trois *ollæ* à Eras. »(Id. n° 341.)

(3) « Lucius Cornelius Regillus, affranchi de Lucius, a légué une *olla* à Marcus Valerius Fronto, affranchi de Marcus » (n° 340).

l'accompagnaient ; quant au lieu de sépulture même, le collège possédait le plus souvent un tombeau commun.

« *Ustrina Saccariorum, in fronte pedes* XII, *in agro pedes* XVI », lit-on près d'un *columbarium* à Rome, à l'endroit où l'on brûlait les corps des membres de la corporation des *Saccarii*, faiseurs ou porteurs de sacs. (Wilmanns, *Exempla Inscript lat.*, n° 328)

« *Sociorum mimarum* », voit-on ailleurs (id. n° 326).

Le n° 329 porte la mention du « *collegius* (sic) *aquariorum* ». — Et au n° 330 nous lisons : « *Locus sepulturæ donatus. C. Valgius Fuscus conlegio jumentariorum portæ Gallicæ posterisque eorum omnium et uxoribus concubinisque* ».

Dans Orelli (n° 4107), un membre du collège des *mensores machinarii* dispose du reliquat du *Funeraticium* ; il le restitue au collège, et veut qu'avec les intérêts de ce capital on célèbre chaque année un sacrifice, le jour anniversaire de la naissance du testateur, ainsi que des cérémonies funèbres en l'honneur de ses parents (*parentalia*).

124. — Des collèges d'artisans aux collèges funéraires proprement dits la transition est presque insensible. On a même dit que les premiers n'étaient en réalité que des collèges funéraires. C'est aller trop loin. Ils ont sans doute laissé leur trace la plus durable sur la pierre des tombeaux ; mais il ne faut pas en conclure que le devoir de la sépulture à rendre aux membres était le but unique de leur existence.

D'un autre côté, il est bien vrai que pour tel collège on peut se demander avec quelque hésitation si l'on se trouve en présence d'une association funéraire véritable ou de quelque autre. Que penser, par exemple, de l'association composée des esclaves et des affranchis d'un riche personnage qui bâtissent des *columbaria* ou les entretiennent ? En 1852, on a découvert à Rome, sur la voie Appienne, un *columbarium* destiné à la *familia* des empereurs. De nombreux monuments de ce genre sont connus. Y avait-il là une association quelconque, un collège ? Ce collège n'était-il que funéraire, ou avait-il en outre un autre but ? Ce sont des points encore fort obscurs ; aussi est-il préférable, avant de se prononcer, d'attendre quelque découverte nouvelle qui fasse la lumière.

125. — Revenons aux collèges funéraires *stricto sensu* (1). Leur légalité n'est pas douteuse ; il y est fait allusion dans la loi 4, D. *De Collegiis*. Pendant longtemps on a cru ne posséder qu'un seul exemple d'association de cette sorte ; il s'agissait d'un document appelé *lex collegii Æsculapii et Hygiæ*, qui n'est autre qu'une disposition additionnelle à la véritable *lex* de ce collège. Au commencement du siècle, deux découvertes importantes ont été faites : c'est d'abord l'acte de dissolution du *collegium Jovis Cerneni* établi à Alburnus Major en Pannonie, et en second lieu le règlement du collège des adorateurs de Diane et d'Antinoüs, trouvés en 1816 dans les ruines de Lanuvium (2). Enfin, il y a trois ans, M. Cagnat trouva sur les confins de la Tunisie et de la province de Constantine la *lex* d'un nouveau collège appelé *curia Jovis* (3).

Par la comparaison des trois premiers documents que nous avons cités avec d'autres inscriptions ou fragments d'inscriptions, M. Mommsen est arrivé à cette conclusion, univer-

---

(1) V. Mommsen, De collegiis et sodalitiis romanis. Kiel, 1844. — Boissier, La religion romaine d'Auguste aux Antonins, t. II, p. 266-312. — Allard, Histoire des persécutions pendant la première moitié du IIIe siècle. Appendice A. Les domaines funéraires des particuliers et des collèges, p. 453-457.

(2) Giraud, Enchiridion, p. 662. — Orelli, 6086.

(3) Bulletin épigraphique de la Gaule, 1884. Cette inscription est aujourd'hui au musée du Louvre.

sellement admise désormais, que le nombre des collèges funéraires dont le souvenir nous a été conservé est beaucoup plus
considérable qu'on ne se l'imaginait. Suivant lui, les déno-
minations suivantes, que l'on rencontre assez fréquemment,
se rapportent à des associations de cette nature : *Cultores
Jovis, cultores Herculis, sodales Herculani, cultores Doripatri,
collegium salutare.* La plupart de ces collèges, on le voit,
prenaient le nom d'une divinité spéciale et se mettaient sous
sa protection (1).

126. — Le nombre des membres variait suivant les différents règlements des associations. Parfois il était stricte-
ment limité, comme dans la *lex collegii Æsculapii et Hygiæ.*
Les esclaves pouvaient en faire partie : la *lex cultorum Dianæ
et Antinoi* prévoit le cas où le maître de l'esclave ne voudrait
pas donner son corps au collège funéraire.

A la tête du collège est un *magister* nommé pour cinq ans,
et pour cette raison appelé *quinquennalis.* Il est assisté d'un
scriba et d'un *viator,* dont les fonctions, d'après Mommsen,
sont perpétuelles.

La *lex collegii Æsculapi et Hygiæ* nous signale divers autres
personnages : un *quinquennalis perpetuus,* un *pater collegii,*
une *mater collegii,* des *immunes,* des *curatores.* Le *pater* et
la *mater collegii,* d'après ce qui résulte de l'ensemble de la
lex, sont deux bienfaiteurs du collège ; les *immunes* en sont
des membres privilégiés, peut-être d'anciens *curatores* ou
d'anciens *quinquennales.*

Citons à ce sujet le passage de la *lex collegii Dianæ et
Antinoi* qui se rapporte au même ordre d'idées : « *Placuit ut*

___

(1) Boissier, Les Cultores deorum, Revue archéologique, t. XVIII (1872). —
De Rossi, I. Collegii funeraticii famigliari e privati e le loro denominazioni.
1877. — Id. La villa di Silio Italico ed il collegio salutare nel Tusculo, 1882.

quisquis quinquennalis in hoc collegio factus fuerit, is a sigillis ejus temporis quo quinquennalis erit, immunis esse debebit. Item placuit ut quisquis quinquennalitatem gesserit integre ei ob honorem partes sesquiplus ex omni re dari. » C'est à des privilèges de cette nature sans doute que fait allusion le mot *immunis* de l'inscription du collège d'Esculape.

A Alburnus Major nous trouvons deux *magistri* et deux questeurs.

Enfin, dans la *lex curiæ Jovis*, il est fait mention de trois dignitaires : un *flamen*, un *magister* et un *quæstor*.

127. — La caisse commune du collège est alimentée par quatre sources :

1° Les dons et legs faits par des bienfaiteurs étrangers, ou même par les membres de l'association. Le collège d'Esculape et d'Hygie nous offre l'exemple d'une de ces libéralités.

2° Un droit d'entrée (*capitularium*) que paient les nouveaux venus.

3° Une prestation périodique due par les membres admis.

4° Le produit des amendes encourues par les membres qui manquent à leurs devoirs sociaux.

Au collège de Diane et d'Antinoüs, le droit d'entrée et les prestations périodiques offrent un caractère curieux : ils se paient en argent et en nature. Le droit d'entrée est fixé à 100 sesterces, plus une amphore de bon vin (*boni vini amphoram*). La cotisation mensuelle est de cinq as.

Dans la *lex curiæ Jovis*, il n'est pas question de droit d'entrée ; mais les amendes se paient tantôt en nature, tantôt en argent. Ainsi on y lit : « *Si quis maledixerit flamini aut manus injecerit, dare debebit denarios duos. Si magister quæstori imperaverit et non fecerit, dare debebit (quæstor) vini amphoram.* »

128. — En échange de ces prestations, le collège assure trois choses à celui qui en fait partie :

1° Le *funeraticium* destiné à payer les funérailles ;

2° L'assistance du collège entier ou d'une délégation à ces funérailles ;

3° Un tombeau et une inscription rappelant la mémoire du défunt.

Ceux qui se donnent la mort sont privés des bénéfices que procure l'association, d'après la *lex* du collège de Diane et d'Antinoüs à Lanuvium : « *quisquis ex qudcumque causâ mortem sibi adsciverit, ejus ratio funeris non habebitur.* »

Le *funeraticium* établi par cette *lex* est de 400 sesterces ; il ne doit être remis par le collège qu'à l'héritier institué. Si le défunt meurt intestat, le *quinquennalis* et l'assemblée des membres décideront s'il y a lieu de confier le soin des funérailles à l'héritier légitime et de lui remettre le *funeraticium*, ou si le collège se chargera lui-même des obsèques. Au préalable, la *lex* proclame que nul n'aura droit à la délivrance de cette somme, ni le patron ou la patronne, ni le maître quand le défunt est un esclave, ni les créanciers. Voilà qui diffère sensiblement des règles ordinaires d'attribution des successions.

Sur ce *funeraticium*, l'héritier institué devait prélever 50 sesterces à répartir entre les confrères qui assistaient à la cérémonie funèbre : c'était l'*exequiarium*.

La *lex* détermine ensuite le cérémonial à suivre quand les funérailles avaient lieu à plus de vingt milles de Lanuvium. Trois délégués s'y rendront et veilleront à l'accomplissement des rites (1). Si le collège n'a pu être averti à temps, celui

(1) D'après la *lex curiæ Jovis*, les membres de l'association étaient obligés d'assister non seulement aux funérailles des confrères, mais encore à celles de leurs proches qui mouraient dans un rayon de six milles.

qui aura fait les frais pourra, en présentant une attestation signée de cinq citoyens romains, réclamer le *funeraticium*, déduction faite de l'*exequiarium*; mais il devra garantir que ce *funeraticium* ne sera réclamé par aucune autre personne. Il se pourrait, en effet, que plus tard un héritier institué par testament prétende l'exiger.

Si un esclave faisant partie du collège vient à mourir et que son maître refuse de livrer son corps, il lui sera fait des funérailles fictives par les soins de ses coassociés. Notons aussi un détail curieux à rapprocher des textes qui refusent à l'esclave la *factio testamenti*. La loi ajoute : « *nisi tabellas fecerit* » ; ce qui veut dire sans doute que si l'esclave a exprimé ses volontés dernières avant de mourir et a désigné quelqu'un pour procéder aux cérémonies funèbres, le collège n'aura qu'à compter le *funeraticium* à la personne indiquée.

129. — Notons, en terminant, le rôle important que les associations funéraires ont rempli dans l'histoire du Christianisme pendant les premiers siècles (1).

Les chrétiens se trouvèrent tout d'abord bénéficier de la législation qui favorisait l'inviolabilité des tombeaux. Suivant le droit commun, ils pouvaient, comme tous les sujets de l'Empire, inhumer leurs morts hors des cités, dans leurs champs ou leurs jardins. Il suffisait que l'un d'eux possédât dans quelque lieu d'accès facile un fonds de terre d'assez vaste étendue, consacré à une sépulture de famille, placé dans les conditions légales requises, pour qu'il pût offrir un asile aux cendres de ses frères. La plupart des catacombes eurent ainsi pour origine des domaines privés ouverts par la charité de

---

(1) Sur ce point consulter : Allard, Histoire des persécutions pendant la première moitié du IIIᵉ siècle, chap. I. L'Église et le droit d'association.

tance (dans la constitution II au Code Théodosien) sécularisa cette juridiction ; il la partagea à Rome entre les pontifes et le préfet de la ville, et dans les provinces la donna aux juges.

Si l'on a déposé des dépouilles mortelles dans un monument avant qu'il soit entièrement construit, le caractère religieux qui y est dès lors attaché ne s'oppose pas à son achèvement ; il y va en effet de l'honneur et du respect dus aux morts. Dans ce cas, point n'est besoin de l'autorisation des pontifes ; elle n'est obligatoire que lorsqu'il s'agit de réparer un sépulcre préalablement terminé, définitivement « *perfectum* » (1).

§ II. — *De la décoration des tombeaux.*

135. Impuissance des lois somptuaires à en réprimer le faste.
136. Classification des tombeaux en trois catégories.
137. La sépulture du pauvre.
138. Des épitaphes. Leur luxe, leurs variétés ; à quel moment elles sont apposées.
139. Leur caractère juridique.

135. — Le luxe de la décoration des tombeaux était porté à Rome à un degré de magnificence dont l'archéologie et l'histoire nous ont conservé les merveilleux détails. Il n'entre point dans notre cadre de les mettre en lumière ; ce serait de notre part une entreprise absolument en dehors des limites juridiques de ce travail (2). Tout au plus avons-nous à mentionner les différents efforts de la législation romaine pour donner, en face de l'égalité de la mort, de justes bornes à la vanité des grands. A peine est-il besoin de dire qu'elles

---

(1) L. 5 pr. D. de mort. infer.
(2) V. Montfaucon, L'antiquité expliquée, Paris, 1719, t. V, passim. — Dezobry, op. cit. — Fustel de Coulanges, op. cit.

furent toujours transgressées. La loi des XII Tables avait essayé de modérer le déploiement des richesses aussi bien dans la construction des tombeaux que dans les cérémonies des funérailles ; mais ce fut en vain. Jules César porta une loi somptuaire qui fixait la somme pouvant être affectée à l'érection d'un sépulcre, et condamnait quiconque la dépasserait à l'amende, au profit du peuple, d'une somme égale à l'excédent de la dépense permise. « *Quo plus insumptum in monu-* « *mentum esset quod lege conceditur, tantumdem populo dan-* « *dum est* (1). » Mais cette loi ne fut point observée. Cicéron, en rapportant la loi des XII Tables, fait remarquer que celle de Solon, d'où elle dérive, recommandait de ne pas élever un sépulcre plus monumental que celui que dix ouvriers cons- truiraient en trois jours. Il observe que cette même loi des XII Tables interdit, dans l'ornementation des sépulcres, l'em- ploi de l'« *opus tectorium* », sorte de revêtement en stuc, et enjoint de ne point les décorer de statues (2).

L'empereur Gordien abolit, du reste, cette proscription, qui n'aurait peut-être jamais été exécutée, et force lui est de laisser toute liberté à l'opulence romaine, puisqu'il lui est im- possible de la réprimer (3). Infructueuses en effet eussent été toutes tentatives ! A mesure que le luxe général se développe, jusqu'à l'extravagance, celui des funérailles et des mausolées progresse en même temps. Les colonnes et les marbres sont prodigués et taillés de la manière la plus dispendieuse, que le monument affecte la forme d'une forteresse comme celui d'une Cœcilia Metella, qu'il se présente sous celle d'un grand

---

(1) Cicéron, ad Attic. XII, 35 ; ad familiar. VII, 26 ; IX, 15. — Dion Cas- sius, liv. XLV.

(2) Cicéron, de Legibus, II, 26. — Balduinus, Comment. l. XII Tables, ch. 31 : Heineccius, t. I, p. 120.

(3) L. 7, C. de relig. — Cujas, Op. t. IX, p. 1102.

sépulcre collectif appelé « *columbarium* », avec ses innombrables petites niches disposées en lignes horizontales sur sept, huit ou neuf étages, qu'il se dresse en pyramide colossale comme le tombeau de Cestius, ou qu'il offre la masse imposante et splendide du mausolée d'Auguste (1).

136. — De telles magnificences sont réservées aux privilégiés du rang social et de la fortune ; aussi les grands sépulcres ne sont-ils pas les plus nombreux. Il faut y ajouter les médiocres et les populaires, suivant la division en trois catégories adoptée par la plupart des historiens (2). Ceux de la seconde classe cherchent à imiter ceux de la première ; on y emploie des matériaux plus communs et on bâtit sur de moins grandes proportions. Mais la vanité romaine y trouve encore son compte. Ils n'ont pas, à vrai dire, le « *sepulcretum* », endroit réservé pour brûler les morts, appelé aussi *Forum, Ustrina, Area*, car l'espace leur manque, et le plus souvent le soin de l'incinération est commis à des esclaves salariés, dans des « *sepulcreta* » publics.

137. — Pour tout monument funéraire, le pauvre a une simple pierre plantée debout en terre, sur laquelle sont gravés parfois son âge et son nom. Heureux encore est-il lorsqu'il ne partage pas le sort de ceux jetés pêle-mêle avec les esclaves hors de la porte Esquiline, dans les fosses communes, « *putei* », livré aux mains cupides des agents libitinaires de la dernière catégorie, qui le plus souvent vont jusqu'à le dépouiller de son misérable linceul et lui arrachent même le pauvre « *triens* »

(1) Dezobry, Rome au siècle d'Auguste, t. IV. Lettre 114, passim. — Eutropius, VIII, 2. — Pour la description complète et détaillée d'un domaine funéraire, voir : Paul Allard, Histoire des persécutions pendant la première moitié du III⁰ siècle. Appendice A, p. 439-453.

(2) Dezobry, loc. cit. — Bergier, Histoire des grands chemins de l'Empire romain, Bruxelles, 1728, t. I, p. 262 et suiv.

d'airain qu'il tient entre les dents pour payer son passage au nautonier des enfers (1). Ainsi l'inégalité sociale, forcée un instant de disparaître au moment de la mort, se retrouvait promptement. Chacun cherchait à reprendre son rang par le plus ou moins d'importance ou de magnificence de son tombeau ; et plus que toute autre la législation que nous étudions était impuissante à modérer ce désir d'attirer les regards, à rapprocher la distance absolue qui séparait le riche du pauvre, le patricien de l'esclave, conséquence inévitable de l'organisation de la société romaine.

138. — Ce besoin de distinction posthume trouvait particulièrement sa réalisation dans le luxe des épitaphes (2). Est-il nécessaire de dire que cet usage, que l'on rencontre chez tous les peuples, fut surtout en honneur à Rome? Naturellement, elles étaient le privilège des riches : de quels titres en effet le pauvre aurait-il eu à faire parade ? « *Miseruli projiciebantur abjecti sine titulis, vix nomine exciso* (3) » ; car, tout en louant celui qui dormait sous la pierre, c'était surtout aux vivants qu'elles s'adressaient. Variées à l'infini, exprimant des regrets ou des louanges, prenant le ton de la sentence ou celui du dialogue, ayant la forme emphatique ou le tour plaisant, c'était toujours à la vanité de famille qu'elles se rapportaient, en rappelant avec plus ou moins de sincérité de grandes vertus publiques ou privées. Plus d'une personne de rang médiocre, que ses modestes ressources privaient des splendeurs d'un mausolée, s'ingéniait à

____

(1) Dezobry, loc. cit., t. IV, lettre 104 ; t. III, lettre 40, passim. — Cujas, Comment. liv. III. Quæst. Pauli explic. 1. 40, de relig.Op. t. V, p. 907.

(2) Orelli. Gruter. Fabretti, Inscript. antiq. Boissard, Antiq. rom., passim. — Fernandez de Retes; Meermann, op. cit. — Brissonnius, de Formulis, Paris, 1583, p. 780. — Montfaucon, Antiquité expliquée, op. cit.

(3) Fernandez de Retes, loc. cit.

détourner le regard du passant par l'originalité ou le faste de l'épitaphe, et parvenait ainsi à graver un nom dans son souvenir.

Pline relate que ces « *tituli* » (1) étaient habituellement placés le dixième jour du décès, au son des trompettes sépulcrales (*siticines*). A cette occasion, un dernier sacrifice était offert en l'honneur des dieux domestiques, et la famille en deuil regagnait la maison mortuaire, dont elle purifiait les appartements. Elle y passait cette journée dans le repos, en s'abstenant de tout travail servile, comme aux jours de fête ; d'où est venue, dit Cicéron, l'habitude de l'appeler : « *Denicales feriæ* ».

Arrivé à ce point de notre travail, nous devons nous souvenir de l'obligation où nous sommes de le borner, et nous rappeler d'ailleurs que l'étude des inscriptions funéraires est du domaine réservé de la science épigraphique. Sans prétendre y entrer, nous voulons seulement indiquer brièvement la coutume familière aux Romains de graver sur leurs tombeaux des inscriptions juridiques en tout ou en partie. Quelques mots à ce sujet ne sont donc point une digression.

139. — Remarquons d'abord qu'en tête de presque toutes les épitaphes nous trouvons la consécration aux dieux mânes, *Diis manibus sacrum*, ou en abrégé D. M. S., et le plus souvent encore D. M. ; affirmation solennelle du principe que les morts sont bien réellement les propriétaires de leurs sépultures.

Souvent la personne inhumée mentionne qu'elle a construit elle-même son tombeau. — F. *fecit*. — V. F. *vivus fecit*. —

_____

(1) On les désignait sous ce nom :

.... *Titulique* cupido

Hæsuri saxis *cinerum* custodibus. (Juvénal, sat. X, v. 143.)

.... Sic fiunt octo mariti,

Quinque per autumnos ; *titulo* res digna sepulchri. (Id.)

V. S. P. *vivus sibi posuit.* — O. V. F. *omnia vivus fecit.* — M. C. et M. S. P. *Monumentum condidit et memoriæ suæ posuit* (1).

Habituellement elle y ajoute son âge : V. A. M. D. *Vixit annos... menses... dies.* La construction peut être l'œuvre de l'héritier. H. F. C. *Heres faciendum curavit.*

Parfois l'origine de la propriété se trouve relatée. L. D. D. D. *Locus datus decreto decurionum,* avec la contenance du terrain, tant en largeur qu'en profondeur : « *in frontem... et in agrum...* » (2).

Le plus souvent, les dispositions testamentaires sont rapportées : T. F. I. *Testamento fieri jussit.* Le défunt a ordonné de lui bâtir un tombeau semblable à tel sépulcre désigné (3) : mention est faite de l'accomplissement de cette prescription.

Il a construit pour lui et ses héritiers : H. M. H. S. *Hoc monumentum heredem sequitur.* Parfois c'est la disposition contraire : H. M. H. N. S. *Hoc monumentum heredem non sequitur,* ou encore : H. M. E. H. N. S. *Hoc monumentum extraneum heredem non sequitur* (4).

La construction a été la condition d'un legs : E. C. L. F. M. *Ex causd legati fieri mandavit.*

Les épitaphes aident encore à garantir le respect des tombeaux, et beaucoup contiennent une imprécation contre celui qui oserait y porter atteinte : « Qu'il encoure la colère des dieux. » — « Que les dieux soient irrités contre lui. » — « Qu'il soit privé de sépulture. » — « Qu'il meure le dernier de sa race (5). »

(1) Fernandez de Retes, loc. cit.
(2) Orelli, 631, 1624, 4397, etc.
(3) L. 27, D. de condit. et demonstr.
(4) Gruter, 593-3, 897-4, etc. — Horace, Sat. I, 8, v. 12. — Orelli, 4379, 4389, 4393, 4197, 4456, 4663, 4820.
(5) Montfaucon, Antiq. expliq. t. V, part. I, liv. II, ch. 2.

Bornons-nous à ces quelques exemples. Ajoutons que, pour un érudit, l'étude approfondie des inscriptions païennes appelle forcément l'examen comparé des inscriptions chrétiennes (1), et particulièrement celles des catacombes. Nous n'avons pas à les rechercher ni à dégager l'enseignement qui ressort de ce rapprochement. Aussi bien, pour qui voudrait se limiter à un coup d'œil d'ensemble sur le sens général des épitaphes de Rome antique, il serait aisé de se rendre compte que, sous l'opulente vanité et le faste somptueux des tombeaux, la pensée philosophique de la mort domine toujours. Elle ne paraît ni trop attristante, ni trop redoutable, soutenue qu'elle est par l'espérance d'une vie future, suivant la belle expression de Cicéron : « *Mortem non interitum esse omnia tollentem atque delentem, sed quamdam quasi migrationem commutationemque vitæ (Tuscul. I, 12).*

§ III. — *De l'invention d'un trésor dans le sépulcre.*

140. Défenses portées par les Empereurs d'enfouir dans les sépulcres des objets précieux.

141. Cas où la recherche du trésor est permise. Son attribution.

140. — Nous avons déjà eu l'occasion de parler de la coutume généralement adoptée par les anciens d'orner le séjour de leurs morts comme la demeure des vivants, et d'y déposer notamment les ustensiles nécessaires aux besoins de l'existence (2). L'usage s'était aussi introduit peu à peu d'y enfermer des trésors et des sommes d'argent. La loi des XII Tables, dans son neuvième chef, avait cependant ordonné scrupuleusement

(1) V. les nombreux ouvrages de M. de Rossi. — Hornstein, Sépultures devant l'histoire, l'archéologie, etc., chap. XI, XII.

(2) V. suprà, n° 4.

de ne point en fouir de l'or avec un cadavre, et ne faisait exception que pour celui qui retenait les dents du défunt (1). Mais
la prescription n'avait point été suivie. Il est vrai que le plus
souvent, en cachant dans les tombeaux certaines sommes, on
agissait par motif de sécurité, et non point dans le seul but
d'honorer le mort ; l'on croyait même que certains esprits
veillaient sur ces trésors (2). La défense fut renouvelée expressément par les Empereurs (3) ; à mesure que par des constitutions successives ils prohibaient le dépôt dans les sépulcres de
vêtements et autres ornements inutiles, ils interdisaient en
même temps d'y recéler de l'argent. L'habitude se prit d'enlever aux morts leurs anneaux, leurs bijoux et parures pré-
cieuses ; il y avait toutefois exception dans le cas où il s'agissait de personnes constituées en dignité.

141. — Qu'arrivait-il cependant, si, malgré la défense portée, une somme avait été enfouie dans un sépulcre ? avait-on
la faculté de l'enlever ? La religion du lieu ne s'y opposait-elle
pas ? Et n'y aurait-il pas eu là une sorte de violation de sépulture ? Sans doute le droit pontifical interdisait de « *invadere,
corrumpere vel obtentu pecuniæ corpora humata effodere* ». La
violation des tombeaux pour détourner les objets qu'ils renferment est un double crime, et celui qui s'en rend coupable
est exposé à l'action de la loi *Julia Peculatus* (4). On considéra
cependant comme plus équitable de permettre la recherche
des richesses enfouies dans les sépulcres, lorsqu'elle était faite
de bonne foi, « *sub publica testificatione vel auctoritate* », et

---

(1) Cicéron, de Legibus, II, 24. — Martial. Epig. I, 73.
(2) Rudulphi Fornerii rerum quotidianarum, lib. III, cap. 18; Otton, t. II, p. 214.
(3) L. 4, § 6, D. ad leg. Jul. Pecul.
(4) L. 1, D. h. t.

on y mit la condition d'attribuer la moitié du trésor au fisc (1).

Cette dernière prescription, due aux empereurs Antonin le Pieux et Verus, fut abolie par l'empereur Léon, qui rétablit la loi d'Adrien. Celle-ci attribuait entièrement à l'inventeur le trésor trouvé dans un lieu religieux (2). Logiquement, en effet, il était impossible de le partager entre l'inventeur et le propriétaire, puisque le lieu religieux n'est pas susceptible de propriété. La constitution de Léon (3) ajouta à cette disposition la clause que celui qui aurait employé des sortilèges pour la découverte serait déchu de tout droit au trésor (4).

(1) Cassiodore, Variar. epist. lib. VI, epist. 31. Opera, 1679, t. I, p. 70. — L. 3, § 10, D. de jure fisci.

(2) Instit. de rer. div. § 39.

(3) L. unic. C. de thesauris.

(4) Pour compléter nos explications sur ce chapitre, nous aurions à envisager l'importante question de savoir à quelle personne incombe le soin de faire élever le sépulcre au défunt, dans quelles limites elle est obligée à cette construction, quels sont les magistrats chargés d'y veiller ; il faudrait voir aussi quel est le rôle du curateur du tombeau, lorsque le testateur en a désigné un. Nous traitons cette matière au chapitre des frais funéraires, où elle trouve sa place naturellement marquée. (V. infrà, ch. IX.)

CHAPITRE VII.

COMMENT UN LIEU CESSE D'ÊTRE RELIGIEUX.

142. Division.

142. — Nous nous sommes suffisamment rendu compte, à plusieurs reprises, que le caractère religieux une fois imprimé à un sépulcre est en principe ineffaçable (1). Peu importe que, dans la suite, le monument qui le recouvre vienne à être détruit : ce qui lui conserve sa qualité religieuse, c'est le fait de l'inhumation ; elle lui demeurera tant qu'il contiendra les dépouilles mortelles.

Ce n'est pas à dire toutefois que le lieu religieux ne puisse jamais cesser de l'être ; des circonstances, telles que celles prochainement examinées par nous, rendront parfois nécessaire cette désaffectation. Des principes que nous avons étudiés et développés, il résulte logiquement que l'état de « *locus religiosus* » ne pourra être enlevé au sépulcre que si le cadavre qui y a été déposé vient à en sortir, soit par suite d'une translation réelle reconnue indispensable et autorisée, soit (ce qui revient au même, ainsi que nous allons le voir) par suite de la fiction légale de sa disparition momentanée, au cas d'une occupation ennemie.

Un lieu de sépulture peut donc perdre sa qualité religieuse provisoirement, ou définitivement.

(1) V. suprà, n° 35.

§ I. — *Effacement provisoire du caractère religieux.*

143. Occupation ennemie.
144. Comparaison à ce point de vue entre les *res sacræ* et les *res religiosæ*.
145. Effet du *postliminium*.

143. — Il n'y avait pas pour les Romains de propriété plus légitime que celle qui reposait sur la conquête. A leurs yeux, tout ce qui appartenait à une nation ennemie se trouvait de droit sans maître, et était par conséquent soumis à l'occupation. Le peuple victorieux n'était pas, à proprement parler, le successeur du peuple vaincu et dépouillé ; il acquérait directement et de plein droit les biens envahis (1), et Paul n'hésite pas à assimiler le butin aux îles ou aux objets trouvés sur le rivage (2). Ces principes du *jus gentium* étaient appliqués, du reste, par Rome avec une entière réciprocité, et elle tenait pour aussi bien légitime la spoliation pratiquée sur elle par l'ennemi, qui devenait par le fait même propriétaire (3). On comprend dès lors aisément que, soumise à cette inexorable loi, elle ait cherché à assurer la préservation des choses *divini juris* qui faisaient l'objet de son culte et comme la condition de sa vitalité sociale. Le seul moyen de les soustraire à la profanation de l'ennemi était de leur enlever leur caractère. En présence donc de l'invasion, la chose sacrée cesse d'appartenir aux dieux ; la chose religieuse, le sépulcre, reprend sa nature profane.

144. — L'assimilation des choses sacrées et des choses religieuses à ce point de vue ne semble pas tout d'abord s'im-

---

(1) Accarias, § 221 in fine. — Maynz, § 98, 6°.
(2) L. 1, § 1. D. de acq. possess.
(3) Maynz, loc. cit.

poser. Les premières, en effet, sont consacrées aux dieux de Rome, dieux essentiellement nationaux et exclusifs. Passant aux mains de l'ennemi, l'usage auquel elles ont été destinées devient impossible : elles doivent donc perdre leur caractère.

Les lieux religieux, au contraire, sont tels en raison des corps qu'ils renferment. Or, malgré l'occupation ennemie, les corps ne restent pas moins dans le sépulcre ; le motif de le regarder comme religieux n'a par conséquent pas changé.

Malgré cela, observons que si la présence du cadavre suffit pour rendre le sépulcre religieux, ce caractère ne lui est en fait imprimé que dans la mesure voulue par ceux qui l'ont établi. Cette considération, en face de la calamité d'une invasion, est évidemment souveraine (1). Le lieu de sépulture ne peut être réduit sous la domination de l'ennemi, en tant que *locus religiosus* ; l'âme du mort ne l'habite plus, et ce n'est désormais qu'un endroit profane au pouvoir du peuple qui triomphe..

145. — La conquête ne produit qu'un effet provisoire. Grâce à la fiction du « *postliminium* », lorsque l'occupation ennemie a cessé, chaque chose reprend son état antérieur. Introduit d'abord en faveur de la liberté personnelle, le *jus postliminii* fut par la suite étendu à la propriété des immeubles et de certaines choses mobilières (2). De même que le prisonnier s'échappant des mains de l'ennemi était considéré comme n'ayant jamais été esclave et recouvrait tous les droits qu'il avait eus avant la captivité, ainsi le sépulcre reprenait sa qualité religieuse et était censé ne l'avoir jamais perdue (3).

(1) Doneau, Jus civ. liv. IV, ch. 1, n° 28, t. I, p. 644.

(2) L. 14 et 19, D. de captivis, et en général tout le titre, — et le titre au Code : de post liminio reversis.

(3) L. 36, D. de relig.

§ II. — *Perte définitive du caractère religieux.*

146. — Le caractère religieux était irrévocablement enlevé au sépulcre par la translation du cadavre dans un autre lieu de sépulture. « *Cum autem impetratur, ut reliquiæ transferantur, desinit locus religiosus esse* », dit la loi 44, § 1, *De Relig.*

Mais cette translation ne peut s'opérer que sur des motifs reconnus graves, ou en cas d'absolue nécessité: par exemple, dans l'hypothèse émise par Paul, où les eaux d'un fleuve dé.bordé ont envahi ou menacent d'envahir le sépulcre (1). Remarquons avec Cujas (2) que, d'après le texte du jurisconsulte romain, la menace du danger est une raison suffisante : on prévient donc le dommage, sans attendre qu'il soit causé. L'éloignement de la patrie ou du tombeau de famille peut être signalé comme une des causes les plus fréquentes de cette translation (3). C'était un des premiers devoirs du Romain que de chercher à réunir aux restes de ses ancêtres les dépouilles de ses parents morts à l'étranger, devoir d'une extrême importance, aussi bien accompli officiellement par l'État que par les particuliers. Parfois en effet c'étaient les dépouilles de légions entières qui étaient ainsi ramenées sur le sol de la patrie, comme le furent les restes mortels des soldats de Varus massacrés en Germanie, transportés en Espagne

(1) Paul. Sent. liv. I, tit. 21, § 1.
(2) Cujas, Observat. liv. XXI, ch. 13.
(3) Lucain, Pharsale, liv. VIII, v. 835 et suiv.

sur l'ordre de Germanicus (1). Disons encore que le mauvais état du monument, s'il ne doit pas être réparé, sera une raison de déposer ailleurs le cadavre. Au demeurant, les textes permettent ce transport d'une façon générale sur toutes justes causes (2). Ils ne pouvaient point donner de celles-ci une énumération limitative. Ce seront, suivant les circonstances, la sécurité de l'édifice, l'utilité publique, la piété filiale et par-dessus tout le haut intérêt du respect envers les morts.

147. — Mais qui sera juge du bien fondé de ces motifs ? Qui reconnaîtra l'opportunité de cette translation ? Le collège des pontifes. Voilà qui rentre bien exactement dans le cadre de ses attributions ; nul mieux que lui ne pouvait apprécier la demande, et déterminer jusqu'à quel point les « *sacra* » de la ville ne seraient pas souillés par cette cérémonie funèbre. Le décret des pontifes n'était pas une simple formalité facultative : c'était un acte nécessaire, dont devait se trouver muni quiconque voulait procéder à la translation d'un cadavre. Un passage de Tacite (3) semblerait faire supposer que ce décret des pontifes pouvait être remplacé par une décision du Sénat ; mais on ne doit point l'entendre dans le sens de la suppression de l'intervention des pontifes. L'historien fait seulement mention du sénatus-consulte rendu pour régler le transport des restes de L. Antonius, et ne conclut point pour cela à l'inutilité de l'autorisation du collège pontifical. Il est à remarquer au contraire que le Sénat, toujours respectueux de la dignité des pontifes, n'ordonna jamais la translation ou l'exhumation d'un cadavre, sans qu'intervînt préalablement

(1) Marquardi Freheri παρεργων seu verisimilium, lib. I, cap. 23 : Otton, t. I, p. 891.

(2) L. 1, C. de relig.

(3) Tacite, Annales, IV, 44.

leur décret. En donnerons-nous un exemple entre plusieurs? Dion Cassius (1) rapporte que le peuple romain ayant fait enterrer, dans le Champ-de-Mars, M. Oppius, contrairement aux vues du Sénat, celui-ci demanda au collège des pontifes de rendre un décret prescrivant l'exhumation du cadavre, comme n'ayant pas été déposé dans ce lieu avec les solennités requises. Cujas cite une ancienne inscription d'où il faudrait conclure que parfois l'autorisation pouvait émaner d'un tribun du peuple: « *eisdem corporibus translatis permissu tribuni plebis* » (2). Mais nous estimons cette conjecture isolée et sans valeur contre la règle générale. Sous les empereurs, la permission était donnée par le prince, celui-ci étant de droit grand pontife (3). En raison de cette qualité, la re_ quête lui était adressée personnellement, et c'est ainsi, par exemple, que, selon le témoignage de Tacite (4), Néron autorisa le transport des cendres de Lollia Paulina. Ses successeurs imitèrent son exemple.

148. — Dans les provinces, il eût été d'autant plus difficile de s'adresser au collège des pontifes et à l'empereur, que cette autorisation devait le plus souvent, en raison des circonstances, être rendue à bref délai. Trajan s'en rendit compte. Par un rescrit adressé à Pline, alors proconsul de Bithynie, il permit aux présidents des provinces d'autoriser ou d'interdire directement eux-mêmes ces translations, en toute connaissance de cause (5).

(1) Dion Cassius, XLVIII, 53.

(2) Cujas, Comment., liv. III. Quæst Paul. Explic. l. 40 de Relig. Op. t. V. p. 907.

(3) L. 14, C. de relig. — Mispoulet, Institutions politiques des Romains, 1883, ch. XX, § 123, t. II, p. 401.

(4) Tacite, Annales, XIV, 12.

(5) Pline le Jeune, Lettres, liv. X, 76, 77.

149. — Il importe peu que la sépulture abandonnée par le défunt ait été primitivement regardée comme provisoire ou comme perpétuelle. Sans doute, dans le premier cas, le lieu est demeuré profane (1). Mais ce fait n'empêche pas la nécessité d'une autorisation, quand il s'agit d'en retirer les cendres du défunt. Ce qu'il faut considérer, ce n'est pas le caractère religieux ou non du sol sur lequel repose le cadavre, mais bien l'exhumation de celui-ci. Du moment que l'on touche à des restes mortels pour les déplacer ou les transporter, l'autorisation dont nous parlons est indispensable.

C'est en vertu de ce principe, nous l'avons vu, que lorsqu'un tiers a inhumé un corps dans le terrain d'autrui, il est interdit au propriétaire de ce terrain d'enlever le cadavre avant d'avoir obtenu la permission des pontifes, sous peine d'être exposé à l'action d'injures (2).

Nous sommes donc ici en présence d'une règle stricte du droit pontifical.

150. — D'après ce même droit, la translation de sépulture ne pouvait s'opérer qu'après la célébration d'un sacrifice solennel : « *Reliquiæ trajectæ ex permissu collegii pontificum piaculo facto* ».

Le cadavre était exhumé le jour, et n'était transporté qu'au moment de la nuit. « *Corpus jam sepulturæ traditum solemnibus redditis sacrificiis per noctem in alium locum transferri potest* (3). » La pompe des funérailles, en effet, s'était déjà déployée à l'époque de la première sépulture ; il était inutile de la renouveler.

______

(1) L. 40, D. de relig.
(2) L. 8 pr. id.
(3) Paul. Sent. liv. I, ch. XXI, § 1.

Il arrivait bien parfois que l'on procédât de la sorte même
pour la première inhumation ; mais ce n'était qu'exceptionnellement, et seulement lorsque les funérailles coïncidaient
avec la célébration d'une fête publique, car tout convoi funèbre était alors interdit. Aux jours de Rome antique, il est
vrai, les obsèques des défunts ne devaient s'accomplir que
pendant la nuit (1) ; mais cet usage, emprunté aux lois de
Solon et à celles de Démétrius de Phalère, dit Cicéron (2), ne
fut bientôt plus que la part des gens de modeste condition
ou des plébéiens (3).

On accomplissait aussi de cette manière les funérailles qui
étaient « *acerba* » et qui, faites en plein jour, auraient souillé
le culte de la cité. C'est pour cette raison que Cicéron fut enterré la nuit comme un simple plébéien, les rites sacrés ne
permettant pas de procéder pendant le jour aux obsèques
d'un homme assassiné (4).

Le Christianisme, une fois sorti des catacombes, célébrait
ordinairement les funérailles le jour. Cette règle fut momentanément suspendue par Julien l'Apostat, qui se prononce en
faveur de la sépulture nocturne, et en donne nombre de raisons que l'on retrouve au Code Théodosien (5). Ces dispositions transitoires ne furent point reproduites par ses successeurs, dont les règlements sur cette matière ont trait aux
sépultures s'accomplissant en plein jour.

(1) On doit sans doute faire remonter au souvenir de l'antiquité la coutume retenue par certains pays de procéder aux funérailles au moment de
la nuit.

(2) De legibus, II, 26.

(3) Festus, v° Vespæ. — Mart. VIII, épig. 75.

(4) Tacite, Annales, XIII, 17.

(5) Godefroy, Comment. Cod. Théod. constit. 5°, t. III, de sepulcris violatis.

CHAPITRE VIII.

DES CONVOIS FUNÈBRES.

§ I. — *A l'époque classique.*

151. Essais législatifs pour modérer le luxe des funérailles. Prescriptions de la loi des XII Tables. Compétence des édiles.
152. Police du convoi. Compétence du préteur et des présidents des provinces.
153. Service du convoi. Agents libitinaires. Monopole.

151. — Pour se rendre compte de ce que pouvait être, sous la Rome païenne, le luxe des funérailles d'un personnage illustre, il faudrait se transporter par la pensée à la maison mortuaire ornée du cyprès funèbre où repose sa dépouille, et de là prendre part au cortège qui va se former au son des trompettes sépulcrales. En étalant sa magnificence, il ne donnera point à la ville une physionomie de deuil, mais bien l'aspect vraiment grandiose d'une fête générale.

Les auteurs classiques et les historiens modernes (1) ont décrit ce tableau que nous ne sommes pas en droit de retracer même sommairement après eux. Sans doute une telle pompe n'était pas le lot commun de tous les citoyens ; mais, quelle que fût la classe (2) des funérailles adoptée, le Romain

(1) V. entre autres Mommsen, Histoire romaine, liv. III. — Daunou, Cours d'études historiques, t. XIV. Histoire romaine, 26° leçon. — A. Adam, Antiquités romaines. Funérailles des Romains, 1818, t. II, p. 308. — Dezobry, Rome au siècle d'Auguste, lettre LX, t. III, p. 24 et suiv. ; et surtout les détails très complets donnés par M. Gaubert, Traité théorique et pratique des pompes funèbres, t. I, p. 75 et suiv.

(2) On distinguait plusieurs classes de funérailles:

Les *funérailles indictives* ou *censoriennes*, les plus pompeuses ;

Les *funérailles simpludiaires* moins solennelles ;

y trouvait toujours l'occasion de donner large place aux soucis de la vanité. Des lois somptuaires, et en particulier la loi des XII Tables (1), dont le texte sur cette matière nous a été transmis par Cicéron (2), essayèrent à diverses reprises de modérer les excès de ce faste : nous savons qu'elles échouèrent (3).

Les dispositions de la loi des XII Tables à ce sujet, tout en

Les *funérailles communes*, les plus modestes ;
Les *funérailles des pauvres*, qui ne sont pas, à proprement parler, des funérailles.

Il y avaitaussi les *funérailles imaginaires*, célébrées pour fêter un anniversaire, ou pour perpétuer le souvenir d'un décès. (V. Gaubert, loc. cit. p. 65.)

(1) La loi des XII Tables s'était elle-même inspirée des lois de Solon. (V. Plutarque, Solon, ch. 21.) Une loi de la ville de Julis dans l'île de Céos, paraissant remonter au sixième siècle avant notre ère, présente une analogie remarquable avec les lois de Solon et des XII Tables sur notre sujet. Elle a été publiée par Pittakis et Bergk en 1860. Le Bulletin de l'Institut archéologique allemand à Athènes en a donné, en 1876, un nouveau texte soigneusement corrigé. Nous la trouvons reproduite par M Dareste (Nouvelle Revue historique de droit français, 1878).

(2) Cicéron, De Legibus, II, 23-25. — Cette loi ordonnait d'une façon générale la diminution des dépenses dans les obsèques : elle recommandait de ne point façonner ou peindrele bois qui devait servir au bûcher, et interdisait de célébrer plusieurs fois des funérailles en l'honneur d'unemême personne, sauf le cas où les corps des citoyens morts à la guerre ou à l'étranger seraient rapportés sur le sol de la patrie. Elle ne permettait pas de produire plusieurs lits funèbres dans le cortège, limitait à dix le nombre des joueurs de flûte, et à trois les *ricinia* ou vêtements garnis de pourpre que l'on jetait sur le bûcher. Les lamentations exagérées, particulièrement celles des femmes, étaient prohibées, de même que les somptueuses aspersions, la quantité des parfums et aromates, la profusion des couronnes, etc., etc.

V. les longs développements donnés par Bouchaud, Commentaire de la loi des XII Tables, Paris, 1803, t. II, p. 257. — Cf. les nombreux traités sur la loi des XII Tables : Otton (Thesaurus), t. III, p. 183 et 183 ; t. IV, p. 301-125. — Gravina, Origines juris civilis. Naples, 1756. II, 23-78. — Terrasson, Jurisprudence romaine, Paris, 1750. — Haubold, Institutiones juris romani litterariæ. Leipzig, 1809, t. I, pars 2, § 3. — Schoell, Legis XII Tabularum reliquiæ. Leipzig, 1866. — Mommsen, Histoireromaine, liv. II, ch. 8.

(3) On connaît les dispositions de la loi *Furia Caninia* qui réprimait les excès du luxe funéraire en limitant les affranchissements faits par le défunt pour accroître la pompe de ses obsèques. (V. Accarias, nº 69.)

étant habituellement sans effet, demeurèrent néanmoins pendant longtemps dans la législation romaine, et c'est aux édiles curules que paraît avoir appartenu la mission trop souvent illusoire de les faire observer (1). Leur rôle spécial en cette matière subsista jusqu'au règne de Tibère, époque à laquelle toutes les tentatives pour arrêter le luxe grandissant des obsèques étaient tombées en désuétude. Jusque-là, ils avaient toujours mentionné dans leur édit les prescriptions de la loi des XII Tables, en menaçant d'une amende ceux qui ne s'y conformeraient pas (2). Leur autorisation devait être demandée et obtenue quand on voulait faire au défunt des funérailles plus considérables, et, partant, plus dispendieuses, que celles permises par la loi. Conformément à ces principes, Cicéron, réclamant pour Servius Sulpicius des obsèques solennelles et publiques, demanda au Sénat de déclarer « qu'il importait à la chose publique de prier les édiles de suspendre à cette occasion l'exécution de l'édit qu'ils avaient rendu relativement aux funérailles » (3).

152. — Quant à la libre circulation du convoi funèbre, cette question ne concerne point l'autorité des édiles, restreinte au seul objet que nous avons dit ; elle n'intéresse pas davantage les pontifes. Elle est de la compétence du préteur à Rome et des présidents dans les provinces. « Ceux-ci, dit Ulpien, doivent veiller à ce que les corps ou les ossements des morts ne soient pas retenus dans les lieux particuliers, à ce qu'ils ne subissent aucun outrage, et que nul obstacle ne soit apporté à leur transport ou à leur inhumation (4). » Certaines pro-

(1) Bouchaud, Commentaire de la loi des XII Tables, p. 268. — Daunou, op. cit, t. XVI. 53ᵉ leçon.
(2) Ovide, Fast, VI, 663.
(3) Cicéron, Philipp. IX, 7.
(4) L. 38 D. de relig ; — 1. 3, § 4, de sepulc. violat.

vinces exigeaient pour ce transport l'acquittement d'un impôt que la loi 37, D. *De Relig.*, compte au nombre des frais funéraires. Nous verrons qu'il fut supprimé par la loi 15, C. *De Relig.* Nous savons, d'autre part, que la protection nécessaire au convoi est garantie par une action *in factum*, et par l'interdit *de mortuo inferendo* (1).

Cette matière faisait partie de la *cognitio extraordinaria* du préteur et des présidents des provinces, parce que le plus souvent elle exigeait beaucoup de célérité et que par ce moyen on supprimait les lenteurs de la procédure ordinaire. Rien, du reste, n'empêchait de revenir à cette dernière, quand il n'y avait pas urgence, par exemple lorsqu'il s'agissait, non plus d'intimer l'ordre de laisser libre la circulation du convoi, mais de statuer sur une indemnité due (2).

153. — Le service du transport des cadavres était assuré à Rome par les agents libitinaires. Cet office paraît leur avoir été exclusivement départi, et nous y trouvons le caractère d'un véritable monopole (3). L'entreprise avait son siège sur le mont Esquilin, dans le temple de la déesse Libitine, qui, par un rapprochement bien propre à la religion des Romains, se trouvait être à la fois la protectrice de la génération et de la mort. C'est là que venaient se faire les déclarations de décès (4), et que s'inscrivaient toutes les demandes des familles relatives aux cérémonies funèbres.

Le personnel comprenait :

(1) V. suprà, n° 74.
(2) A. Faber, Rationalia, ad l. 38 de relig.
(3) Gaubert, op. cit. t. I, p. 60.
Ce monopole s'étendait : 1° A la fourniture de tous les objets nécessaires aux funérailles; — 2° à l'entreprise des jeux et fêtes funèbres qui terminaient souvent les obsèques; — 3° aux anniversaires commémoratifs.
(4) Suétone, Vie de Néron, 39.

1° Les *designatores* ou ordonnateurs des funérailles, personnages importants, nommés par le prince, qui, dans la pompe des grands cortèges, marchaient précédés de licteurs. Ce sont les chefs de service. Ils ont sous leurs ordres les diverses classes d'employés qui suivent :

2° Les *libitinarii* proprement dits, qui résident au temple, et sont chargés d'enregister les naissances et les décès.

3° Les *pollinctores*, ceux à qui incombait le soin de purifier, oindre et embaumer les cadavres. La loi des XII Tables interdisait d'y employer des esclaves (1).

4° Les *vespillones*, ou ceux qui transportaient les corps.

5° Les *sandapilarii*, ayant les mêmes attributions que les précédents, mais chargés exclusivement des funérailles des pauvres, qu'ils enfouissaient le plus souvent dans les *puticuli* du mont Esquilin.

6° Les *ustores* ou *tertondi*, chargés de la préparation du bûcher, de son ornementation et de la crémation des corps.

7° Les *custodes*, ceux qui avaient la spécialité de veiller les cadavres au domicile mortuaire.

§ II. — Sous les empereurs chrétiens.

154. — Le Christianisme, fidèle à son principe de maintenir ce qui pouvait être conservé des institutions païennes, ne détruisit point cette organisation ; on en trouve au contraire un souvenir évident dans les diverses attributions des

____

(1) Cicéron, de Legibus, II, 24.

fossores (1). Nous n'avons point à étudier l'œuvre gigan-
tesque de ces champions les plus intrépides et les plus dévoués
de l'Eglise naissante. En creusant les catacombes, ils ont
façonné, avec une énergie et une patience inspirées par leur
foi, le mystérieux berceau où naquit la liberté du monde.
Aussi leur profession était-elle si noble, aux yeux des premiers chrétiens, qu'elle fut souvent exercée et illustrée par
les plus grands personnages. Sans parler des papes qui
sortirent de leurs rangs, il n'était pas rare de trouver, sous
la tunique du *fossor*, le fils des sénateurs ou le descendant
d'une race consulaire.

Ce serait une erreur d'attribuer exclusivement à ces pieux
ouvriers le rôle de simples manœuvres, ainsi que semblerait
l'indiquer leur nom. On peut résumer en trois mots le but de
leur institution. Ils sont établis : *ad curanda, ad efferenda,
ad humanda corpora*, ce qui comprend les préliminaires des
funérailles, les funérailles elles-mêmes, et la sépulture proprement dite (2). Leurs noms variaient suivant le genre de
leurs fonctions. Les *lecticarii* et les *porticiani* remplissaient
l'office des *vespillones* païens ; ils étaient chargés ou de confec-
tionner des litières pour placer les cadavres, ou de porter eux-
mêmes les corps placés sur les *lecticæ*. Les *parabolani* et les
copiantes avaient les attributions des *pollinctores*, et les *are-
narii* exécutaient les travaux les plus pénibles relatifs à la
sépulture. Les *decani* avaient la surveillance de toutes les
parties de ce funèbre ministère (3).

Les fonctions nombreuses et variées remplies par les *fosso-*

---

(1) Martigny, Dictionnaire des antiquités chrétiennes, v° Fossores. — Gaubert, op. cit. t. I, p. 165. — Hornstein, op. cit. p. 92.
(2) Arrighi, Roma subterranea, liv. V, ch. 13, p. 61.
(3) Martigny, v° Funérailles. — Justinien, Novelles 43 et 59.

res font supposer un lien qui les rattachait entre eux. Ils étaient organisés en corporation sous les ordres des prêtres et des évêques ; mais il est difficile de déterminer l'époque à laquelle cette corporation fut constituée. D'après une opinion accréditée, l'institution des *fossores* serait aussi ancienne que l'Eglise ; et le pape Evariste, quand il divisa la ville de Rome en quartiers ecclésiastiques sous Trajan, l'aurait réglementée en attachant à chacune des paroisses un collège de huit à dix *fossores* spécialement chargés de tout ce qui regardait les sépultures (1).

Il est hors de doute qu'ils occupaient un rang dans la hiérarchie sacerdotale. Saint Jérôme leur donne la qualification de clercs ; et, suivant un passage de la Chronique palatine éditée par le cardinal Maï, ils ne tiendraient même pas le dernier rang dans l'ordre ecclésiastique. Leur cléricature est attestée par plusieurs lois du Code Théodosien ; certains d'entre eux ont souscrit les conciles avec les clercs inférieurs, et Du Cange cite diverses autres autorités à l'appui de cette opinion (2).

Leur corporation semble avoir disparu au commencement du cinquième siècle, lorsque l'usage des sépultures souterraines fut abandonné ; et, depuis, l'histoire n'en fait plus aucune mention (3).

155. — Entre l'institution des *fossores* et celle des agents libitinaires de l'ancienne Rome, il y a toute la différence qui sépare le Christianisme de la religion païenne. Un point par-

(1) Marchi, Architecture de Rome religieuse et souterraine, p. 10 et 58. — Gaume, Les trois Rome, t. IV, p. 46.

(2) S. Jérôme, Epist. Paris, 1643, t. I, ep. 40, ad Innocent. ; t. IX, ep. 13, ad Rustic. — Collect. Vatican., t. IX, p. 133. — Code Théodosien, liv. VII, tit. 20' loi 12 et ailleurs. — Du Cange, Glossarium, v° Fossarius.

(3) Martigny, v° Fossores.

ticulier doit retenir notre attention : à l'avarice des libitinaires, il nous faut opposer l'esprit de libéralité apporté dans cette matière par la religion nouvelle et consacré par les décisions des empereurs.

Avec le Christianisme, il était juste que le transport des cadavres fût rendu facile ; on ne doit donc pas s'étonner que les empereurs l'aient exempté de tout droit fiscal et l'aient déclaré gratuit. « *In nullo quopiam loco vectigal ab aliqua persona pro corporibus ex uno in alium locum translatis præstetur* », dit la loi 15 au Code de Justinien. Elle abroge purement et simplement la loi 37, D. *De relig.* Il est donc inutile de chercher à concilier ces deux textes ; et point n'est besoin de l'explication fournie par Cujas (1), qui remplace, dans cette dernière, l'expression « *vectigalia* » par celle de « *vestiaria* », selon la leçon des Basiliques (2).

156. — Pour assurer la gratuité, Constantin porta le nombre des *fossores* à 950, et leur assigna des habitations spéciales (*officinas*) dans les différents quartiers de la ville, en les exemptant de l'impôt. L'an 357, l'empereur Constance déclara, par une loi, qu'ils n'auraient pas à acquitter la contribution lustrale que payaient les marchands (3). Ces dispositions furent un instant supprimées par Julien l'Apostat, à l'instigation de l'évêque arien Georges d'Alexandrie (4) ; mais elles furent bientôt rétablies par Théodose (5) et confirmées par Anastase. Celui-ci éleva le chiffre des *fossores* à 1100 et les pourvut d'un revenu annuel de sept cents livres d'or, qui leur

(1) Cujas, Observat., V, 10.
(2) Basiliques, liv. 59.
(3) Hornstein, op. cit., p. 91.
(4) Balduinus, De Legibus Constantini, lib. I : Heineccius, t. I, page 578.
(5) L. 4, C. de Sacros. Eccles.

permettait de fournir gratuitement leur pieux ministère (1).

Justinien confirma ces privilèges. Chaque cadavre devait être accompagné, sans frais pour les héritiers, d'un *asceterium* ou cortège comprenant huit religieux et trois acolytes. Si les parents du défunt voulaient donner au convoi une pompe plus solennelle, ajouter un *asceterium* ou même plusieurs, ou faisaient choix, *ad honorem defuncti*, d'un brancard *ex maximis lectis*, ils en supportaient eux-mêmes la dépense, sans toutefois qu'elle puisse excéder 12 *aurei* (2). Le montant des frais funéraires était aussi gradué suivant la distance à parcourir. Ainsi, restait-on dans l'enceinte des nouveaux murs de Constantinople : le tarif de chaque *asceterium* supplémentaire était du tiers de l'*aureus* (*tremissis*) ; aux acolytes on donnait *tres siliquas* s'ils étaient au nombre de trois, *sex siliquas* s'ily en avait six, et ainsi de suite proportionnellement. Si l'on dépassait les nouveaux murs construits par Théodose, les *sanctimoniales* ajoutés au nombre ordinaire recevaient *semissem*, les acolytes *quatuor siliquas* ; mais s'il n'y avait que l'*asceterium* réglementaire, il devait toujours demeurer gratuit (3). Plusieurs conciles de la primitive Église ont exigé cette gratuité. Saint Grégoire le Grand (4), dans une de ses lettres, réprimande l'évêque de Sardaigne, Januarius, d'avoir demandé à une riche matrone une somme d'argent pour l'enterrement de sa fille. Dans une autre, il interdit à l'évêque Messalinus d'accepter le legs de la chose d'autrui fait par une

(1) Balduinus, Comment, Constit. 13, apud Heineccium, op. cit. — Arrighi, loc cit.

(2) Novellæ 43 et 59. — Bergier, Dictionnaire de Théologie, v° Sépulture et v° Cimetière. — Cujas, Comment. Novell. 43 et 59.

(3) Hænel, Juliani epitome latina Novellarum Justiniani, Leipzig, 1873, constitutio 43, n° cxcv.

(4) Saint Grégoire le Grand, Registri epistolarum, lib. IX, epist. 3. Op. Venise, 1744, t. II, p. 926.

personne en vue de ses obsèques, bien que, d'après les principes du droit, ce legs soit parfaitement valable.

157. — Il ne faut pas conclure de ce qui précède que la gratuité des sépultures fût un principe absolu. Il est à remarquer que ce fut surtout sous l'ère des persécutions que l'Eglise prit à sa charge les frais des funérailles, et particulièrement les dépenses de celles des pauvres. On est en effet autorisé à penser que, même aux premiers temps du Christianisme, ceux des fidèles auxquels leurs ressources le permettaient, ne voulant pas être à charge à l'Eglise, achetaient à leurs frais et de leur vivant le lieu de leur sépulture et de celle de leurs parents et amis (1). Le plus souvent on l'achetait des *fossores* ; un véritable contrat de vente intervenait, et l'on trouve fréquemment sur les épitaphes l'énoncé du prix payé, soit pour un tombeau particulier, soit pour un tombeau de famille (2). C'est surtout après les persécutions et lorsque les sépulcres cessèrent d'être creusés par l'autorité des papes ou des évêques que cette coutume devint de plus en plus fréquente.

Plus tard le principe de la gratuité fut tantôt admis, tantôt écarté, suivant les différentes époques et d'après les décisions des conciles, jusqu'à ce que cette question fût tranchée par les règles définitives du droit canonique.

(1) Martigny, v° Fossores.
(2) On cite particulièrement une inscription du cloître de Saint-Paul-hors-les murs, qui mentionne un contrat de ce genre entre le *fossor Hilarus* et l'acheteur *Artemisius*, avec les noms des témoins et le prix de vente. V. Muratori, Thes. t. IV, p. 1863, n. 9. — Hornstein, op. cit. p. 95. — Cf. Marchi, op. cit. p. 165. — De Rossi, Inscr. I, 210.

CHAPITRE IX.

DES FRAIS FUNÉRAIRES.

ARTICLE I.

De l'acquittement des frais funéraires,

§ I. — *Leur composition légale.*

158. Délimitation de ces frais,
159. Importance à les évaluer pour le règlement d'une succession,
160. Dispositions prises par le défunt au sujet de ses funérailles et de son tombeau.
161. Cas où il a fait erreur dans l'énoncé de ses dispositions. Explication de la loi 27, D. *de condit. et demonst.*
162. Les frais doivent être en rapport avec le rang social du défunt.
163. Dans quelle mesure on doit tenir compte des dépenses superflues.

158. — Le présent chapitre n'a point pour objet d'établir le bilan de toutes les dépenses qui pouvaient être le résultat du luxe des funérailles et du faste des tombeaux qu'avaient en vain essayé de réprimer les lois somptuaires. L'histoire a fait le compte de cette prodigalité.

Aussi bien les dépenses qu'il nous faut étudier doivent-elles s'entendre des frais raisonnables et nécessaires, déterminés par l'usage, garantis par un privilège, et donnant naissance à l'action *funeraria*, dont nous connaîtrons bientôt le mécanisme. Ce sont celles dont les lois 37 pr., 14, § 3, et 4, *De Religiosis*, au Digeste, donnent une énumération qui n'est point limitative. Il faut y comprendre d'une manière générale tout ce qui a été déboursé sans exagération à l'occasion des funérailles ou de l'inhumation du défunt.

159. — L'évaluation exacte des frais funéraires est particulièrement importante quand il s'agit de faire le calcul de la quarte Falcidie. On sait en effet que, dans ce cas, pour déterminer le montant d'une succession, il faut déduire les dettes, la valeur des esclaves affranchis et les frais funéraires. Pour l'estimation de ceux-ci, Marcellus déclare qu'on ne doit faire entrer en ligne de compte que les dépenses absolument indispensables. Il ne croit pas qu'on puisse y comprendre les frais d'érection de monument ; dans le cas, toutefois, où ils seraient compris, dit-il, on ne doit en estimer la valeur que d'après celle du monument le plus simple (*ad speciem modicam monumenti*). Sabinus tranche la question avec moins de rigueur, et pense qu'elle sera déterminée suivant les circonstances. Il faudra, par exemple, se demander si le monument est nécessaire à la protection du sépulcre, ou encore si le rang social du défunt exige cette dépense (1). Dans tous les cas, si elle est purement voluptuaire, (comme dans l'hypothèse où le testateur aurait prescrit d'entourer de portiques le lieu de sa sépulture), si elle consiste dans des détails inutiles d'ornementation, elle ne sera point comptée au nombre des frais funéraires (2).

160. — En principe, on doit donner au défunt la sépulture qu'il a désirée. C'était d'ailleurs l'usage assez fréquent que celui-ci déterminât le mode de ses funérailles et le genre de son sépulcre. « *Disponunt quidam etiam illa, quæ ultra vitam sunt, moles magnas sepulchrorum, et operum publicorum de-*

______

(1) L. 1, § 19, et l. 2, D. ad legem Falcid.

(2) L. 37, § 1, D. de relig. — Cette loi entend bien l'expression de *monumentum* dans le sens de protection donnée au sépulcre : « muniendi causâ » ; ce qui a autorisé certains auteurs à écrire *munimentum*. V. p. ex. Voët ad lib. XI, D. t. VII. — Noodt, id. — La Florentine porte *monimentu m*.

dicationes, et ad rogum munera et ambitiosas exsequias » (1).

En outre du choix fait par le Romain du genre de son sépulcre et des dispositions prises au sujet de ses funérailles, il arrivait fréquemment qu'il laissait par testament des legs ayant pour objet de s'assurer à perpétuité ou à temps les honneurs funèbres. Nous trouvons dans les inscriptions et au Digeste divers exemples de ces sortes de fondations, qui sont en réalité des legs conditionnels. C'est, entre autres, une somme considérable donnée par un personnage illustre à sa ville natale pour que les intérêts de ladite somme servent à célébrer tous les deux ans des jeux publics en son honneur (2). Ce sont encore des affranchissements faits par testament sous la condition que, chaque mois, les affranchis iront au tombeau du testateur, allumer une lampe et accomplir les rites funèbres (3). Nous pourrions continuer cette énumération (4).

161. — Qu'arriverait-il au cas où le testateur aurait fait erreur dans l'expression de ses dernières volontés au sujet de sa sépulture ? Supposons, par exemple, qu'il ait enjoint, sous clause pénale, à ses héritiers de lui élever un monument semblable à tel autre désigné, et que le tombeau en question, appelé à servir de modèle, n'existe pas en réalité ? C'est l'hypothèse dont parle la loi 27, **D.** *De conditionibus et demonstrationibus.* Le défunt dans son testament a parlé du sépulcre de Publius Septimus Démétrius ; ce sépulcre n'a jamais existé, mais il y a celui de Publius Septimus Dema. Les héri-

(1) Sénèque, De brevitate vitæ, in fine.
(2) L. 21, § 3, D. de annuis legatis.
(3) L. 44, D. de manum. testam.
(4) L. 24, de ann. leg. ; ll. 16 et 17, de usu et usufruct. — Rudulphi Forneril rerum quotidian. lib III, cap. 19 : Otton, t. II, p. 215.

tiers, s'ils n'élèvent pas le tombeau, subiront-ils la clause pénale imposée par le testateur? C'est une question d'appréciation qui dépendra des circonstances. S'il est manifeste qu'il y a eu confusion dans l'esprit du défunt, mais que sa volonté est néanmoins très claire, les héritiers devront construire le sépulcre conformément au modèle qu'il avait en vue, sinon ils s'exposent à la conséquence attachée à leur refus. Dans le cas, au contraire, où la volonté du défunt ne ressort pas suffisamment des termes du testament, les héritiers ne seront point tenus de l'obligation dont il s'agit ; mais ils devront alors ériger un monument en rapport avec la dignité et le rang social du testateur.

162. — Cette dernière considération est une de celles qui dominent notre matière (1). Elle sert de base pour la juste évaluation des dépenses à faire. En donnant la sépulture au défunt, l'héritier aura donc à se préoccuper de la situation et de la fortune de celui-ci : il aura soin de n'excéder la mesure ni en trop ni en moins. Faire trop peu, en effet, pour les funérailles d'un homme illustre, serait regardé comme une injure à sa mémoire (2). D'autre part, faire trop, serait porter préjudice aux créanciers et aux légataires, puisque, comme nous le verrons, les dettes funéraires sont garanties par un privilège qui prime les droits de ceux-ci.

163. — Les déboursés superflus ne seront donc pas classés parmi les frais funéraires. Si la volonté du testateur s'exprime d'une manière inconsidérée, l'héritier n'est pas obligé de l'exécuter, et n'aura point à redouter pour cela d'être déclaré

(1) L. 12, § 5 ; 14, § 6 ; 21, **D.** de relig.
(2) L. 14, § 10, id.

indigne de la succession (1). Rien ne l'empêchera toutefois de faire face aux dépenses exagérées, si le sort des créanciers et des légataires ne doit pas s'en trouver atteint. Du moment, en effet, qu'il y a dans la succession de quoi les désintéresser, le surplus pourra sans difficultés être employé à de telles dépenses, selon le désir exprimé par le défunt, ou même si c'est là l'intention personnelle de l'héritier.

Un testateur, en désignant la somme minima qu'il entend affecter à l'établissement de son sépulcre, peut donc laisser à son héritier toute liberté de dépenser davantage. Mais l'héritier, au cas où la somme lui paraîtrait plus que suffisante pour les frais nécessaires du sépulcre, ne peut-il pas en attribuer le reliquat au paiement des legs, au lieu de l'employer en dépenses exclusivement voluptuaires ? C'est l'avis de Doneau (2). Cujas, au contraire (3), estime que l'héritier, en abaissant lui-même le minimum expressément déterminé par le testateur, irait contre la volonté de celui-ci, et devrait encourir l'indignité (4).

§ II. — *A qui incombe le devoir de la sépulture du défunt.*

164. Il échoit à l'héritier, et les frais, étant une dette de la succession, sont supportés proportionnellement à la vocation successorale.
165. Exception au cas de désignation spéciale d'une personne par le défunt.
166. Moyens possibles aux héritiers d'obliger cette personne à remplir le rôle accepté par elle.
167. Ses droits suivant qu'elle est : 1° ou un légataire ;
168. 2° Ou un curateur ;
169. 3° Ou un mandataire.
170. Droits du possesseur de bonne foi.
171. Sépulture ordonnée d'office.

164. — Les explications qui précèdent ont déjà suffisam-

(1) L. 113, § 5, D. de legatis I. — L. 14, § 5 et 6 in fine, D. de relig. — L. 40, § 2, D. de auro, argento. — L. 5, C. de his quibus ut indignis.
(2) Doneau, Jus civ. liv. VIII, ch. 25, § 12.
(3) Cujas, l. 88, § 1, D. de legat. II. Op. t. VII, p. 1252.
(4) Paul. Sent. liv. III, tit. V, § 13. — L. ult. C. de fideicommissis.

ment prouvé que le soin de la sépulture concerne ceux qui sont appelés à la succession. Ce devoir échoit donc tout d'abord aux héritiers légitimes, dans l'ordre de leur vocation successorale (1). Par application de ce principe, le patron qui demande la possession de biens *contra tabulas,* doit contribuer aux frais funéraires, au prorata de ce qu'il recueille (2). Tous les héritiers contribueront donc aux dépenses de l'érection du sépulcre, proportionnellement à la part qui leur revient à chacun dans la succession, et, comme sanction de cette obligation, ils auront, les uns vis-à-vis des autres, l'action *familiæ erciscundæ :* « *Sed et cum monumentum jussit testator fieri, familiæ erciscundæ agent ut fiat. Idem tamen teneat quia heredum, quos jus monumenti sequitur, præscriptis verbis posse eos experiri, ut monumentum fiat* » (3).

La loi 42, *De Legatis* 3, D., prévoit le cas où deux héritiers sont institués pour portions très inégales, et où, d'après les termes du testament, le moins favorisé est exclusivement chargé des dépenses funéraires. Elle décide, conformément à ce que nous venons de dire, que les frais seront supportés proportionnellement par chacun d'eux.

165. — La règle générale que le devoir de la sépulture incombe à l'héritier, souffre exception quand le défunt a spécialement désigné une personne pour remplir cet office. Celle-ci peut avoir pour mission soit de faire les funérailles, soit d'ériger le sépulcre. Dès lors, c'est à cette personne seule qu'il appartient d'agir (l. 12, § 4, D. *De Relig.*), et l'héritier qui l'en empêcherait sous un prétexte quelconque serait en faute (*non recte*

---

(1) L. 12, § 4, D. de relig.

(2) L. 15, id. — L. 6, § 1, D. si pars heredit.

(3) L. 18, § 2, D. famil. ercisc.

facere) (1). Le texte n'énonce point toutefois de peine portée contre lui. C'est là une loi imparfaite, sans sanction, comme il s'en rencontre quelques-unes en droit romain, telle qu'est, par exemple, la loi Cincia *de Donationibus*, et la loi 3, § 4, *de Sepulchro violato*. On considère sans doute qu'en mettant obstacle aux funérailles l'héritier « *violat potius honestatem quam legem* » (2), car il n'en reste pas moins le successeur de tous les droits du défunt.

La personne désignée est libre d'accepter cette charge ; le testateur ne peut donc pas l'y contraindre. Si elle refuse, elle n'encourt aucune peine ; mais il est juste de dire qu'alors elle ne doit point toucher la somme qui lui a été laissée pour faire face aux dépenses funéraires (3).

166. — Qu'arriverait-il si, après avoir touché cette somme, elle déclarait ne pas vouloir s'acquitter de sa tâche ? Quelle action auront contre elle les héritiers ? Si le débat se passait entre cohéritiers, nous avons vu qu'il y aurait lieu à l'action *familiæ erciscundæ* ; mais là n'est point l'hypothèse ; il s'agit d'un étranger. Ce tiers, nous dit la loi 14, § 2, sera soumis à l'action de dol exercée par les héritiers, et le préteur pourra même l'obliger « *extra ordinem* » à remplir la mission qu'il avait acceptée.

Quelquefois aussi, et non point dans tous les cas, les héritiers auront l'action *mandati* ; mais il faut pour cela qu'un contrat de mandat soit né, ce qui n'a pas toujours lieu. Cela dépendra de la situation que tient du défunt la personne dont nous parlons.

---

(1) L. 14, § 14, De relig.

(2) A. Faber, Rationalia, ad l. 14, § 14, de relig. — Brunemann, id.

(3) L. 12, § 4, D. de relig.

167. — Elle peut être en effet soit un légataire, soit un simple curateur, soit enfin un mandataire.

1° Un légataire. — Pour s'assurer l'érection de son tombeau ou l'accomplissement de ses funérailles, le testateur peut avoir légué à une personne une somme déterminée. Dès lors on applique toutes les règles des legs. Ce qui restera de la somme léguée après l'acquittement des frais funéraires, ne fera point retour aux héritiers, mais demeurera la propriété du légataire, qui supportera sur ce reste, véritable objet de son legs, la quarte Falcidie (1) (l. 1, § 19, **D.** *ad leg. Falcidium ;* l. 3, **C.** *de relig.*).

168. — 2° Un simple curateur. — La personne à qui est confié le soin de la sépulture n'est alors ni un légataire, ni un mandataire proprement dit ; c'est simplement un ami auquel le testateur demande en quelque sorte un service. « *A te peto, Titi, fideique tuæ committo, uti curam condendi corporis mei suscipias, et pro hoc tot aureos e medio præcipito* » (2). Il en résulte que le tiers ne doit, en aucune façon, tirer profit des avances qui lui sont faites pour subvenir aux frais dont il s'agit. Si donc il a dépensé moins que la somme allouée par le testateur, il rapportera à la succession ce reliquat. Mais s'il a dépensé plus, et payé l'excédent des frais sur ses deniers personnels, pourra-t-il se faire rembourser par les héritiers? Non. Il n'y a point là en effet gestion d'affaires, car le testateur avait fixé lui-même la somme à employer ; le curateur est en faute de l'avoir dépassée, et doit en subir les conséquences (3).

169. — 3° Un mandataire. — En principe, tout mandat

----

(1) Cujas, Explic., l. 88, § 1, de legatis II : Op. t. VII, p. 1252.
(2) L. 88, § 1, D. de legat. II.
(3) Cujas, loc. cit.

post mortem mandantis est nul. Nous nous trouvons ici en présence d'un des cas très rares où il est exceptionnellement valable (1). Il faut reconnaître que le mandat ainsi conçu ne fait point échec au principe qu'on ne peut faire naître une créance en la personne de son héritier. Les parties en effet sont toujours libres de convenir que les pouvoirs du mandataire ne s'éteindront pas par la mort du mandant, et cette convention est évidemment sous-entendue quand l'affaire qui fait l'objet du mandat est de nature à ne devoir être faite qu'après le décès du *mandator* (2).

Les actions *mandati* trouveront leur jeu. Si, par exemple, le mandataire a bâti le monument à ses frais, sans qu'il ait été convenu qu'il doive supporter cette charge, il exercera, pour se faire rembourser, l'action *mandati contraria* contre les héritiers du défunt, comme il l'aurait exercée contre celui-ci s'il n'était pas mort, pour obtenir des ressources qui lui

---

(1) Les textes reconnaissent validité au mandat dans les trois autres hypothèses qui suivent : 1° celle d'une *adstipulatio* accédant à une *stipulatio post mortem stipulantis* (Accarias, n° 557) ; — 2° celle d'un esclave aliéné sous la condition d'être affranchi après la mort de l'aliénateur (l. 27, § 1, *Mandati*); peut-être même, dans ce cas, n'y a-t-il pas mandat, mais simple contrat innommé ; — 3° celle où une personne a donné mandat d'acheter après sa mort un fonds à ses héritiers. « *Idem est et si mandavi tibi ut post mortem meam heredibus meis emeres fundum.* » Cette dernière hypothèse relatée dans la loi 13 D. *Mandati* suit immédiatement celle qui fait l'objet de notre étude. Ce rapprochement fait supposer à Noodt qu'elles se rapportent toutes deux au même ordre d'idées. D'après lui, la loi 13 ne viserait point le cas d'un mandat général d'acheter un fonds de terre aux héritiers, mais bien le mandat spécial d'acheter un terrain destiné à l'érection d'un sépulcre. Pour appuyer son opinion, il ne recule pas devant une supposition qui, loin d'être inattaquable, a du moins le mérite d'être ingénieuse. Il croirait volontiers que le texte primitif de cette loi serait « ut post mortem meam *hereditario monumento emeres* fundum ».Ce texte aurait été tout d'abord écrit en abréviations : H. M., et les éditeurs imprévoyants auraient lu « *heredibus meis* », au lieu de « *hereditario monumento* ». Solution peu admissible, mais assez originale pour ne pas être passée sous silence. (Noodt, Observationes, liv. II, ch. 3.)

(2) Accarias, n° 631. — Maynz, § 224.

permissent de continuer l'œuvre commencée. De son côté, l'héritier aura contre le mandataire l'action *mandati directa* pour le forcer à entreprendre ou à achever le travail (l. 12, § 17, *D. Mandati vel contrà*).

170. — Le possesseur de bonne foi qui a bâti un monument au défunt, en y employant la somme fixée par celui-ci, ou, à défaut de cette désignation, la somme qui, selon toutes probabilités, aurait été dépensée, a droit au remboursement, s'il vient à être évincé de sa possession. A cet effet, il pourra retenir ce qui lui est dû, en opposant l'exception de dol, ou le réclamer, en exerçant l'action de gestion d'affaires (1) (l. 50, § 1, *D. de hereditatis petitione*).

171. — Si, pour donner la sépulture au défunt, il ne se trouve personne, ni héritiers, ni parents, ni un tiers désigné par le testateur à cet effet, le magistrat pourra y faire procéder d'office, sur les ressources de la succession, dans l'intérêt de l'ordre public et de la religion. Disons aussi que, le plus souvent, cet intérêt suprême de la religion amènera une personne quelconque, même étrangère, à se charger des funérailles; elle recouvrera les dépenses faites à cette occasion, au moyen de l'action funéraire dont nous parlerons bientôt. Nous verrons aussi que cette action, en l'absence de toute autre compète d'une manière générale à celui qui a fait les funérailles sans intention de libéralité, soit spontanément, soit sur la désignation du défunt, et malgré l'opposition de l'héritier.

---

(1) C'est là une des rares exceptions au principe que celui qui a cru faire sa propre affaire ne peut point intenter l'action *negotiorum gestorum contraria*. (V. Maynz, § 274 in fine.)

§ III. — *Comment se règlent les frais funéraires.*

172. Rang suivant lequel les ressources de la succession sont employées à l'acquittement de ces frais.

173. Hypothèse où le défunt est un fermier ou un locataire.

174. Les conditions de la vente et les conséquences qu'elle entraîne font partie de la procédure extraordinaire.

175. Au cas où les legs absorbent la succession, les objets légués sont vendus et les frais acquittés sur le prix.

176. Les légataires, pour obtenir le reliquat, auront contre l'héritier une action *in factum*. Autre application de cette action.

172. — En disant que les héritiers ont le devoir de donner la sépulture au défunt, nous n'avons point entendu déclarer qu'ils ont à en fournir les frais sur leurs deniers personnels. Nous savons qu'ils y contribuent proportionnellement à ce qu'ils recueillent : c'est dire que les dépenses funéraires sont une dette de la successsion, une dette du défunt. « *De suo expedit mortuos funerari* » (1). On en sait la conséquence, et comment cette dette, garantie par un privilège, doit être acquittée avant toute autre.

Mais quel ordre suivra-t-on dans l'emploi des ressources de la succession, pour payer ces dépenses ?

1° On y affectera l'argent de la succession, s'il y en a.

2° S'il n'y en a pas, ou si la quantité est insuffisante, on y attribuera le produit de la vente des objets susceptibles de dépérissement ou dont la conservation serait une charge.

3° A défaut de ces objets, on aura recours à la vente ou à la mise en gage des objets précieux qui pourraient se trouver dans la succession, tels que vases d'or ou d'argent.

(1) L. 14, § 1 et 13, de relig.

4° Enfin, on opérera le recouvrement des créances le plus facilement exigibles (1).

173. — Si le défunt est un fermier ou un locataire, et qu'il n'y ait pas dans sa succession des ressources suffisantes pour les frais de sa sépulture, on y emploiera le produit de la vente des objets qu'il a apportés dans la ferme ou dans la maison. Sans doute, ces objets sont le gage tacite du bailleur ; la garantie de celui-ci sera donc ainsi forcément diminuée et réduite aux objets qui restent (2). Noodt prétend que le bailleur aurait pu déterminer son gage du vivant du fermier ou du locataire, et qu'il aurait ainsi empêché, jusqu'à concurrence de son évaluation, la saisie des objets apportés. Si le bailleur n'a pas pris cette précaution, ajoute-t-il, la faute en est à lui seul, et il doit la supporter (3). Nous ne croyons pas réalisable, dans l'espèce, cette prétention du bailleur. Son droit est évidemment primé par la dette funéraire, qui doit être acquittée avant toutes autres, et le fermier ne pourrait même pas stipuler le contraire (4).

174. — C'est au préteur ou au magistrat municipal qu'il appartient de fixer les conditions de la vente dont nous parlons et l'ordre dans lequel les objets seront vendus. Comme toutes les questions qui ont trait aux funérailles, ce règlement fait partie de la *cognitio extraordinaria* proprement dite. Il n'y a alors ni *actio*, ni *judicium* ; et le magistrat, après avoir examiné l'affaire, rend un décret qui fait connaître sa décision (5). C'est également lui qui veillera à ce que l'acheteur

---

(1) L. 12, § 6 ; l. 13, de relig.
(2) L. 14, § 1, id.
(3) Noodt., liv. XI, tit. VII, p. 269.
(4) V. infra, n° 200.
(5) Keller, Actions, ch. IV, § 81, p. 376.

obtienne la livraison de la chose vendue, et tranchera les difficultés qui pourraient surgir à cette occasion (1). Une fois la
vente faite en effet, l'héritier ne peut point en empêcher l'exécution. S'il avait voulu éviter la distraction des objets de la
succession, il n'avait qu'à se hâter de faire adition d'hérédité,
et procéder aux funérailles sur ses deniers personnels ; n'ayant
pas pris ce parti, il ne peut attaquer la vente, et l'acheteur,
couvert par l'autorité du juge, ne sera point inquiété (2).

175. — On peut supposer le cas où, le défunt ayant employé en legs tous les objets de la succession, il ne reste
aucune ressource suffisante pour les frais funéraires. Les choses léguées devront alors être saisies et vendues, et les dépenses payées sur le prix. Il est de toute justice, en effet, que l'on
prenne sur les biens du défunt pour sa sépulture, plutôt que
de les laisser aux mains des légataires. Ceux-ci, du reste,
doivent être indemnisés par l'héritier, si c'est possible. Dans
le cas contraire, ils perdront le bénéfice de leurs legs, et les
droits de l'acheteur seront toujours sauvegardés, par cette
raison que « *melius est legatarium non lucrari, quam emptorem damno adfici* » (3).

176. — Les légataires, disons-nous, seront indemnisés si,
après tous comptes établis, la succession est assez forte pour
les désintéresser. Dans ce but, ils exerceront contre l'héritier
une action *in factum*.

Une autre hypothèse peut se présenter où ils auront également une action *in factum* analogue à la précédente. C'est
celle où l'héritier, même dans le cas d'une succession sol-

(1) L. 14 pr. de relig.
(2) Id. et l. 137, de regulis juris.
(3) L. 14, § 1 in fine, de relig.

vable, a employé, pour les funérailles, des objets qu'il ignorait être légués par le testateur. Si l'héritier avait la connaissance du legs, il y aurait évidemment dol de sa part, et l'action *ad exhibendum* serait justement exercée contre lui. Mais, dans l'ignorance où il se trouve, cette action est sans fondement. Il n'a pas possédé les objets, et n'en a point par conséquent abandonné la possession par dol. D'autre part, il est impossible au légataire d'agir *ex testamento*, car on ne peut obtenir par cette voie que ce qui est compris dans les termes du testament ; or ce n'est pas l'indemnité réclamée par lui qui fait l'objet même du legs. Reste donc l'action *in factum* qu'il sera libre d'intenter (1).

ARTICLE II.

De l'action funéraire.

§ 1. — *Sa nature.*

177. A qui et contre qui elle est donnée. Son montant.
178. Analogie avec l'action de gestion d'affaires.
179. Ce qui les différencie.

177. — L'action *funeraria*, que nous allons étudier, est donnée à toute personne qui, poussée par un mobile pieux, a pris soin des funérailles, soit de son propre mouvement, soit sur le désir exprimé par le défunt. Pour encourager le devoir de la sépulture, qui chez les Romains était la condition nécessaire du repos dans la mort, il importait de le rendre aisé au citoyen qui voulait bien s'en charger, et qui, même dans le cas

(1) L. 63, D. de legatis II. — L. 3, § 4, D. ad exhibendum. — L. 7, C. h. t. — L. 46, D. de relig. — Cujas, Explic. l. 63, de legat. II. Op. t. VII, p. 1165.

d'une désignation spéciale faite par le testateur, restait toujours libre d'accepter cette mission ; c'était une question de justice aussi, car il était souverainement équitable que l'acte de dévouement accompli par lui ne tournât pas à son détriment

Au moyen de cette action, la personne dont nous parlons pourra donc se retourner contre l'héritier, et se faire rembourser par lui toutes ses dépenses. Là surtout s'appliquera la règle précédemment posée que, pour en établir le montant, il faudra tenir compte de la qualité du défunt, de sa fortune , des circonstances de l'inhumation, et ne point faire entrer en ligne les frais superflus, quand bien même ils auraient été ordonnés par le testateur. Le juge déterminera le *quantum* raisonnable de tous ces frais, en appréciant aussi le degré de bonne foi de la personne qui a accompli les funérailles.

Comme nous l'avons déjà observé, les dépenses ainsi faites sont la dette de la succession, et non point celle de l'héritier. Par conséquent, celui qui a fait les obsèques a bien plutôt contracté avec le défunt qu'avec son successeur, suivant que s'exprime la loi 1 de notre titre : « *Qui propter funus aliquid impendit, cum defuncto contrahere creditur, non cum herede* ». Il n'en est pas moins vrai cependant que, pratiquement, pour se faire rembourser, il devra agir contre l'héritier en tant que représentant du défunt, chargé de l'acquittement des dettes héréditaires, et qu'il se trouve, en quelque sorte, vis-à-vis de lui dans la position d'un gérant.

178. — L'analogie entre l'action de gestion d'affaires et l'action funéraire est tellement frappante que Cujas est tenté d'appeler celle-ci une action de gestion d'affaires utile(1). Les

____

(1) Cujas, Comment., lib. 27, Paull ad Edictum, Op. t. V, p. 376 ; t. I, p. 658. — A. Faber, Rationalia, ad ll. 12 § 2, 14 § 13, 31 § 2, de relig.

textes, du reste, les comparent souvent entre elles : toutes deux sont prétoriennes (l. 12, § 2, *de Relig.*), de bonne foi, fondées sur l'équité (l. 14, § 6) ; toutes deux sont *in personam*, subsidiaires, c'est-à-dire ne pouvant s'exercer qu'à défaut d'autres (l. 14, § 12 et 15, *de Relig.*) ; toutes deux ne peuvent servir qu'à réclamer les frais faits d'une manière convenable et utile, car elles tendent exclusivement à obtenir un remboursement et non un enrichissement, à éviter de laisser au *dominus* ou à l'héritier un avantage illicite. Chacune d'elles est perpétuelle, donnée aux successeurs et ayant-cause passivement et activement (l. 31, § 2, *de Relig.*), comme toutes les actions prétoriennes qui sont *persecutoriæ rei* (l. 35, D. *de oblig. et act.*).

En se chargeant des funérailles, le tiers, comme le gérant dans la gestion d'affaires, agit avec l'intention de gérer pour un autre et de l'obliger éventuellement. Peu importe du reste, dans l'un et l'autre cas, que cette intention se rapporte à une personne déterminée ; le plus souvent en effet, les funérailles auront été précisément faites alors que l'héritier était encore inconnu. Remarquons aussi que si, dans leur accomplissement ou dans l'acte de gestion, il y a eu un but de libéralité, l'action funéraire, de même que l'action *negotiorum gestorum*, ne seront point recevables (l. 14, § 7, *de Relig.*).

Il nous faut encore signaler un point important de similitude entre ces deux actions. En règle générale, l'action de gestion d'affaires est refusée au gérant qui aurait cru agir pour lui-même (1). Il ne peut recouvrer ses dépenses utiles que s'il se trouve à même d'opposer au maître revendiquant un droit de rétention au moyen de l'exception de dol ; mais cela

_____

(1) L. 14, § 1 ; l. 20 pr. D. com. div.

suppose évidemment qu'il possède encore la chose, à l'occasion de laquelle il a fait les dépenses. S'il n'en a plus la possession, il ne lui reste aucun moyen de se faire indemniser (1). Toutefois cette rigueur fléchit exceptionnellement quand le gérant se trouve être l'héritier putatif qui fait des déboursés auxquels il se croit obligé en qualité d'héritier. En agissant de la sorte, en effet, il libère le véritable héritier; aussi lui donne-t-on à bon droit contre ce dernier l'action de gestion d'affaires (2). Cette dérogation aux principes généraux s'explique par la considération que la personnalité complexe de l'héritier apparent peut être divisée. On peut en effet séparer son individualité propre de la qualité d'héritier qu'il croyait avoir ; et il est juste que celui auquel cette qualité profite définitivement lui tienne compte des déboursés faits de bonne foi (3).

Nous nous trouvons en face de la même situation à propos de notre action funéraire. Les lois 14, § 11, et 32 *pr. de Relig.*, prévoient le cas où les funérailles sont faites par l'héritier apparent qui ensuite est évincé de la succession. Les jurisconsultes Trebatius et Proculus, se fondant sur les principes généraux de la gestion d'affaires, avaient estimé que celui-ci, n'ayant pas cru agir pour le compte d'un autre, ne pouvait avoir eu l'intention de se faire rembourser. Mais Ulpien et Paul lui accordèrent expressément l'action funéraire, jugeant avec raison qu'il ne pouvait être victime de son ignorance.

179. — Malgré ces nombreuses ressemblances, les deux

<hr>

(1) L. 14, D. de doli mali et met. except. ; l. 33, D. de condict. indeb. — Maynz, § 274, note 7.

(2) L. 49, D. de negot. gest. ; l. 50, § 1, D. de heredit. petit.

(3) Maynz, § 274. Observat., t. II, p. 470. Contrà : Accarias, n° 656 in fine t. II, p. 579, note.

actions ne doivent point être entièrement assimilées. Signalons une différence capitale. Pour qu'il y ait gestion d'affaires, il faut que le gérant ait agi sans ordre et même à l'insu de celui pour lequel il gère ; la gestion entreprise malgré la défense du *dominus* ne ferait point naître d'obligation à la charge de celui-ci (1). Par l'action funéraire, au contraire, le tiers oblige l'héritier, même au cas où ce dernier se serait opposé aux funérailles ainsi accomplies. La volonté du testateur qui a spécifié qu'elles seraient faites par telle personne désignée, l'emporte donc sur celle de l'héritier. Ce dernier demeure tenu des frais funéraires, malgré son opposition, par cette raison qu'ils ne sont point sa dette personnelle, mais celle du défunt : ainsi s'explique notre différence avec la gestion d'affaires (2).

Terminons sur ce point par une observation qui a son importance.

En comparant nos deux actions, nous avons remarqué qu'elles contiennent chacune ce degré d'équité que renferment toutes les actions de bonne foi en général. Nous devons ajouter que l'action funéraire découle encore plus immédiatement *ex æquo et bono* que l'action de gestion d'affaires, de telle sorte que, suivant l'ingénieuse expression de Faber, elle a l'équité *« pro matre »*, tandis que l'autre l'a *« pro avia vel pro amita »* (3). Grâce à son caractère d'ordre public et surtout à la *favor religionis* dont elle se trouve empreinte, le juge y aura liberté plus entière d'appréciation ; et c'est dans ce sens qu'Ulpien lui recommande d'avoir toujours en vue l'équité, plutôt que de

____

(1) L. 8, § 3, D. de negot. gest. ; l. 6, § 2 ; l. 40, D. mandati ; l. 24, C. de negot. gest.

(2) L. 14, § 13, de relig.

(3) A. Faber, Rationalia, ad l. 14, § 13.

chercher à calquer en tous points l'action de gestion d'affaires.
(L. 14, § 13, *de Relig.*)

§ II. — *Ses conditions d'exercice.*

180. — Nous les groupons sous trois chefs : intention de remboursement, absence de dessein injurieux, et défaut de toute autre action.

I. *Intention de remboursement.*

Il faut, avant tout, savoir quel mobile a fait agir celui qui a procédé aux funérailles. Peut-être a-t-il eu un but tout gratuit. Peut-être n'a-t-il entrepris cette tâche que dans l'intention exclusive de donner au défunt une marque d'attachement ou de rendre service à l'héritier, sans songer aucunement à rentrer dans ses déboursés. Dans ce cas, il n'y aura point lieu à l'action funéraire. « *Igitur æstimandum erit*, dit la loi 14, § 7, *et perpendendum quo animo sumptus factus sit : utrum negotium quis vel defuncti, vel heredis gerit, vel ipsius humanitatis : an vero misericordiæ, vel pietati tribuens, vel affectioni.* » Quelques mots au sujet de cette loi.

181. — Il y a évidemment intention d'antithèse entre les deux derniers membres du texte ; mais alors la rédaction n'est-elle pas fautive, et l'expression « *ipsius humanitatis* » ne serait-elle pas mieux à sa place dans la seconde partie de la phrase ? Ce fut l'opinion du savant Claude de Saumaise, qui corrige en ce sens la ponctuation (1). En présence de cette difficulté, certains commentateurs (2), et à leur tête Grotius, ont voulu remplacer le terme d'*humanitatis* par celui d'*hæreditatis*, ne trouvant point, à leurs yeux, de différence entre les expressions de *misericordia* et d'*humanitas*. La gradation que présenterait le texte ainsi modifié les confirme dans ce parti. D'après eux, Ulpien aurait donc supposé successivement les hypothèses où celui qui fait les funérailles agit pour le compte soit du défunt, soit de l'héritier, soit enfin de l'hérédité, au cas spécial où ce dernier ne serait pas encore connu. Nous croyons, avec Bynkershoeck, que cette interprétation de texte n'est point satisfaisante (3). Peu importe en effet pour quel compte la gestion a été faite ; il est certain qu'en définitive elle sera toujours supportée par l'héritier, en tant qu'il représente le défunt. L'expression d'*hæreditas* proposée par les vieux jurisconsultes ferait donc double emploi avec les précédentes ; et mieux vaut laisser telle que nous la trouvons au Digeste celle d'*humanitas*.

Pourquoi, en effet, chercher à la modifier ? Le sens qu'elle offre nous semble suffisamment différent de celui qu'il faut attribuer aux mots qui suivent dans le texte, savoir : *pietas*, *affectio*, et même *misericordia*. Ceux-ci font penser à des rapports plus étroits entre la personne qui fait les funérailles

(1) Salmasius, Observat. ad jus attic. et rom. ch. 25, p. 554 et suiv.
(2) Desiderii Heraldi Observationes et emendationes, ch. 31. : Otton, t. II, p. 1355. — Noodt, Comment. Dig. ad liv. XI, tit. 7.
(3) Bynkershoeck, Observ. jur. rom. liv. IV, ch. 22.

et le défunt ou l'héritier ; ils comportent l'idée d'un sentiment plus personnel et désintéressé, et, partant, éveillent plus directement celle de libéralité. Le terme « *humanitas* », au contraire, répond plutôt au concept général d'après lequel tout citoyen romain désireux de procurer au corps de son semblable le repos après la mort, se trouvait naturellement porté à lui rendre le devoir de la sépulture. En ce sens, faire les funérailles de quelqu'un est bien « *negotium gerere humanitatis* » ; et la locution qu'emploie notre loi nous paraît parfaitement exacte (1). L'idée de libéralité en effet n'est pas nécessairement corrélative de celle de service rendu : aussi le texte que nous étudions ajoute-t-il avec raison que si se charger des funérailles d'un mort est toujours un acte pieux, il ne s'ensuit pas toujours pour cela que la personne qui y procède ait entendu prendre les frais à son compte.

Pour éclaircir toute espèce de doute à ce sujet, le mieux est de lui faire déclarer devant témoins dans quelle intention elle agit.

182. — Nous savons qu'une déclaration conçue dans le sens que les funérailles ont été faites par un mobile de piété intervient habituellement de la part des enfants qui procèdent aux obsèques de leurs parents, et, en général, de la part de toute personne qui s'acquitte de ce devoir envers une autre dont elle peut être héritière. Cette formalité est une garantie plus complète contre l'accusation d'immixtion dans la succession s'il s'agit d'héritiers siens, d'adition s'il s'agit d'héritiers volontaires. Mais d'une telle déclaration faite en ces termes généraux, on ne pourrait rien induire quant à la ques-

---

(1) « .....Si non *humanitati* dati, ut quodlibet ea laver absconderem... » (Sénèque, de Beneficiis, V, 20). — Petrus Faber, Sem st. liv. II, ch. 1.

tion qui nous occupe. Celui qui se charge des funérailles, s'il veut se réserver le droit d'être remboursé, doit le dire expressément (1). C'est ainsi qu'un fils qui, sans recueillir la succession de son père, l'aura inhumé sur l'ordre de celui-ci et malgré l'opposition de l'héritier, pourra exercer l'action funéraire contre ce dernier, s'il déclare avoir eu l'intention de rentrer dans ses frais, tout en ayant agi par un mobile de piété filiale (2).

183. — Au demeurant, la personne qui s'occupe des funérailles d'un défunt peut avoir la pensée de prendre une partie des frais à sa charge, et de laisser l'autre au compte de la succession (3). Rien ne s'oppose à une semblable combinaison. Cette personne sera donc investie de l'action funéraire pour la portion des dépenses auxquelles elle aura déclaré ne pas attacher un caractère de libéralité. Tout se résume, répétons-le, dans une question d'intention.

184. — II. *Absence de dessein injurieux.*

Il pourrait advenir qu'une personne poussée par la malveillance prît prétexte de pourvoir à la sépulture d'un défunt pour outrager sa mémoire en lui faisant des obsèques disproportionnées avec sa fortune ou son rang social. Des déboursés modiques suffiraient à cette satisfaction coupable. Dans ce cas, le juge ordonnera qu'il ne soit pas tenu compte de la somme dépensée, et déclarera l'action funéraire non recevable (l. 14, § 10, *de Relig.*).

Au cas où l'insulte serait reconnue avoir le caractère déterminé d'une injure *funeri vel cadaveri*, nul doute, croyons-nous,

(1) L. 14, § 8, de relig.
(2) L. 14, § 13, id.
(3) L. 14, § 9, id.

que l'*actio injuriarum* n'appartienne à l'héritier, ou ne tombe dans l'hérédité, si l'adition n'est pas encore faite (1).

Mais, si, de la part de la personne en cause, il n'y a pas eu intention mauvaise, si elle n'a fait qu'agir suivant la mesure de ses faibles ressources, elle pourra très bien répéter la somme employée, si minime qu'elle soit comparativement à la dignité du défunt. Il faut avant tout lui tenir compte du service pieux qu'elle a voulu rendre, et lui accorder, par l'action funéraire, le moyen de recouvrer ses déboursés (2).

185. — III. *Défaut de toute autre action.*

L'action funéraire est subsidiaire; elle ne sera donc point exercée tant qu'une autre action sera recevable.

Par conséquent, si c'est un héritier qui a fait les funérailles, les frais seront répartis entre lui et ses cohéritiers, au moyen de l'action *familiæ erciscundæ*, tant qu'elle subsistera. Mais il est de la nature de celle-ci de ne pouvoir être intentée qu'une fois ; il suit de là que si le partage a eu lieu sans que les dépenses funéraires aient été passées en compte, l'héritier aura l'action *funeraria* pour se faire rembourser (3).

186. — De même, notre action ne sera point admise tant que l'action *mandati* pourra être exercée. Supposons le mandat de faire les funérailles du défunt donné à un tiers, soit par l'héritier, soit par une personne quelconque, soit par un pupille.

1° Mandat donné par l'héritier. — Le tiers a seulement l'action *mandati* contre l'héritier son mandant ; il n'a nullement l'action funéraire. (L. 14, § 15, *de Relig.*) Celle-ci ne peut com-

(1) L. 1, § 6, D de injur.
(2) A. Faber, Rationalia, ad l. 14, § 10.
(3) L. 14, § 12, de relig. ; l. 40 in fine, famil. ercisc.

péter qu'à la personne agissant en dehors de tout mandat et faisant *proprio motu*, comme nous l'avons vu, l'affaire de l'héritier. (L. 14, § 16.)

2° Mandat donné par une personne quelconque, autre que l'héritier. — L'action *mandati*, pour les mêmes raisons, doit toujours passer avant l'action funéraire. Le mandataire en effet n'a de rapports qu'avec le mandant : il ne connaît ni le défunt, ni l'héritier; encore moins songe-t-il à gérer « *negotium hereditatis* ». Il réclamera donc par l'action *mandati*, et seulement par elle, ce qui lui est dû. Toutefois, si son mandant se trouvait dans l'impossibilité absolue de le désintéresser, le mandataire aurait, croyons-nous, l'action funéraire, au moins utile. « *Nam is nullam videtur actionem habere cui propter inopiam adversarii inanis actio est* (1). » Il serait inique, en effet, que l'héritier profitât de cette situation (2).

3° Mandat donné par un pupille. — Il faut se demander si ce pupille a ou n'a pas l'*auctoritas* de son tuteur.

A. A-t-il l'*auctoritas tutoris* ? Sa personnalité se trouvant ainsi complétée, pas de difficultés : l'action *mandati* est donnée contre lui au mandataire.

B. N'a-t-il pas l'*auctoritas* ? Le pupille n'ayant pu valablement donner mandat pour un acte qui tend à l'appauvrir, le mandataire n'a point l'action *mandati*. Mais a-t-il, à son défaut, l'action funéraire ? La loi 14, § 18, la lui accorde en distinguant l'hypothèse où le pupille est héritier, de celle où il ne l'est pas.

a. Le pupille n'est pas héritier. Ayant donné mandat sans l'*auctoritas tutoris*, il ne s'est pas valablement obligé. Mais le

(1) L. 6, D. de dolo malo.
(2) A. Faber, Rationalia, ad l. 14, § 18.

mandataire qui a fait les dépenses ne doit point en être pour ses frais, pas plus que l'héritier ne doit bénéficier de cet état de choses. Le mandataire aura donc contre l'héritier l'action funéraire utile. Il ne peut avoir l'action directe, puisqu'il n'avait point l'intention de l'obliger valablement, ayant agi sur le mandat du pupille.

b. Le pupille est héritier. D'après la règle consacrée par Antonin le Pieux, le pupille, dans tous les cas où il a traité « *sine auctoritate tutoris* », est tenu jusqu'à concurrence du profit que l'acte lui a procuré (1). Par application de cette règle, il devra supporter l'action funéraire jusqu'à concurrence des forces de la succession.

§ III. — *Ses applications.*

187. Principe général.
188. 1° Sépulture d'un père de famille.
189. 2° Sépulture d'un fils de famille.
190. 3° Sépulture d'un esclave.
191. 4° Sépulture d'un affranchi.
192. 5° Sépulture d'une femme mariée. Contribution proportionnelle des héritiers et du constituant de dot.
193. Droits et devoirs du mari.
194. *Quid* du premier mari d'une femme divorcée et remariée ?
195. Hypothèse où le mari peut se trouver tenu des frais funéraires malgré les stipulations dotales.
196. Examen de deux autres hypothèses prévues par les lois 30 et 20, § 1, *de Relig.*
197. L'action peut être intentée contre un collège funéraire.

187. — Notre loi 14, *De Religiosis*, dans son dernier paragraphe, dit que l'action funéraire sera valablement exercée

(1) L. 3 pr. D. de auctoritate et consensu tutorum ; l. 3 pr. D. commodati vel contrà.

contre tous ceux « *ad quos funus pertinet* ». Ce principe nous est connu : c'est à ceux à qui incombe le devoir de la sépulture qu'il appartient d'en supporter définitivement les frais (1).

Sans chercher à envisager les nombreuses hypothèses qui peuvent se présenter, bornons-nous à celles que nous offrent les textes, en complétant par là nos explications précédentes.

188. — 1° Sépulture d'un père de famille. — Ceux qui sont chargés des frais sont l'héritier civil, le possesseur de biens et autres successeurs : l'action funéraire sera donc donnée contre eux proportionnellement à ce que chacun recueille. Evidemment les légataires et fidéicommissaires n'en sont point passibles, car les dépenses funéraires ne les concernent point. Ils auraient plutôt à l'exercer, nous le savons, s'ils avaient à recouvrer des déboursés faits à l'occasion des funérailles du défunt (2).

189. — 2° Sépulture d'un fils de famille. — Le *filius familias* ne possédant rien par lui-même, la personne qui a avancé les frais de sa sépulture, aura contre son père l'action funéraire : elle réclamera le remboursement des dépenses qu'elle a cru bon de faire d'après la fortune et le rang de celui-ci (3).

Toutefois, si le fils de famille a un pécule *castrense*, et qu'il ait pris des dispositions testamentaires, ses successeurs seront, les premiers, soumis à l'action funéraire. Si ce pécule est insuffisant, le père, héritier légitime, sera actionné après eux (4).

(1) Paul. Sent. liv. I, tit. XXI, § 10.
(2) L. 14, § 17, D. de relig. ; l. 3, C. de relig.
(3) L. 21, id.
(4) L. 31, id. ; l. 2, de senatusc. maced. — A. Faber, Rationalia, ad l. 31 pr. de relig.

190. — 3° Sépulture d'un esclave. — L'action sera dirigée contre le maître. Celui qui a fait les funérailles d'un esclave de l'un ou l'autre sexe, dit la loi 31, § 1, D. *De Relig.*, a contre son maître l'action funéraire. Au cas où l'esclave aurait eu un pécule, il est évident qu'il n'y aurait pas lieu à l'action *de peculio*, car il n'y a point là une dette contractée de son vivant.

191. — 4° Sépulture d'un affranchi. — Le patron est tenu de l'action dans tous les cas, y compris celui où, ayant été omis dans le testament de l'affranchi, il a obtenu la possession de biens *contra tabulas*, et ainsi évincé l'héritier inscrit (1).

192. — 5° Sépulture d'une femme mariée. — Les frais des funérailles d'une femme morte durant le mariage sont supportés d'une part par ses héritiers du droit civil ou du droit prétorien, de l'autre par celui qui recueille la dot, savoir : le père si elle est profectice, le mari si elle est adventice, le tiers constituant si elle est réceptice. Supposons, par exemple, que la dot représente une valeur de cent et les biens paraphernaux une valeur de deux cents : le père, le tiers constituant ou le mari paieront un tiers, les héritiers les deux autres tiers des dépenses faites pour la sépulture, et l'action funéraire sera intentée suivant la même proportion.

Par application de ce principe, l'héritier qui aura fait enterrer la défunte sur un fonds dépendant de la succession aura action contre le mari qui doit contribuer à la dépense de la sépulture au prorata de ce qu'il conserve, afin de répéter de lui une partie du prix auquel aura été estimé le lieu de l'inhumation (2).

Les frais funéraires sont donc « *es alienum dotis* », et nom-

(1) L. 16, D. de relig. ; l. 6, § 1, si pars heredit.
(2) L. 16, § 1, de relig.

bre des textes de notre titre le déclarent expressément. Cela est si vrai qu'au cas où la femme décéderait sans laisser de succession personnelle, ils seraient entièrement payés sur la dot.

Quant à la contribution des héritiers, pour la calculer on estimera la succession telle qu'elle est, avec son actif et son passif : c'est-à-dire que l'on ne déduira point les valeurs que représentent les legs, les affranchissements et les dettes. Le système contraire serait trop onéreux pour le mari, qui se trouverait alors avoir une part plus forte à supporter (1).

193. — Le mari est donc tenu sur la dot, mais il n'est tenu que juqu'à concurrence de l'émolument dont il bénéficie. Or, il n'est censé recueillir que ce qu'il serait tenu de rendre à sa femme si elle l'actionnait elle-même en restitution (l. 27, § 2). Si donc il n'a plus la dot entre les mains, il n'est point passible de l'action funéraire. Il en sera ainsi, par exemple, lorsque le mari l'aura aliénée en tout ou en partie au cours du mariage, dans les hypothèses où la loi permet cette aliénation, et encore lorsqu'elle consistait en un usufruit qui s'éteint par la mort de la femme (2).

A plus forte raison, le mari n'aura-t-il rien à supporter s'il n'y a pas eu constitution de dot ; les frais seront alors en entier à la charge des héritiers de la femme si elle est émancipée, de son père dans le cas contraire. Si toutefois elle n'a point d'héritiers et que son père soit insolvable, le mari *pro dignitate sud* sera actionné jusqu'à concurrence de ses ressources. Il n'est pas tenu personnellemert de la dette; mais

(1) L. 20, § 2 ; 22. 23. 24. 25. 26. 27. pr. 30 § 1, D. de relig.
(2) L. 78 pr. D. de jure dotium.

il serait honteux pour lui de laisser le cadavre de sa femme privé de sépulture par sa faute (1).

Lorsque le mari périt dans le même événement que la femme, on peut se demander s'il reste, en droit, propriétaire de la dot. La loi 32, § 1, déclare l'affirmative et permet d'intenter l'action funéraire pour les obsèques de la femme contre l'héritier du mari en proportion de la dot qui fait partie de la succession. On présume que la femme a péri la première à cause de la faiblesse de son sexe.

194. — Le premier mari d'une femme divorcée et remariée ne prend point part aux dépenses des funérailles de celle-ci, bien qu'il ait conservé la dot en vertu des conventions matrimoniales : il n'est point, par conséquent, soumis à notre action (2). La dot, en restant dans le patrimoine du mari après le mariage, a perdu son caractère ; du reste, une femme ne conserve les droits qui naissent de son mariage que jusqu'au jour où elle en contracte un second. La loi lui accorde seulement de ne pas déchoir de son rang, au cas où elle aurait épousé en secondes noces un homme de moins illustre naissance que son précédent mari ; mais ceci n'a trait en rien aux stipulations dotales (3).

195. — Signalons une hypothèse spéciale prévue par la loi 20 pr. de notre titre, dans laquelle le mari est soumis à l'action funéraire, contrairement aux conventions qui auraient pu in-

(1) L. 23, D. de relig.
(2) L. 20 pr. D. de relig.
(3) L. 12, D. de senatoribus. — A. Faber, ad l. 20 de relig. — On peut rapprocher le cas présent de celui où un affranchi devenu esclave d'un second maître serait de nouveau affranchi par celui-ci. Le second patron triompherait du premier dans la demande de possession de biens *contra tabulas*. (L. 22, D. de bonis libertorum.)

tervenir lors de la stipulation de dot. C'est un étranger qui l'a constituée ; il a stipulé qu'à la dissolution du mariage par la mort de la femme, les deux tiers lui reviendront, et que l'autre tiers appartiendra au mari. Il a déclaré en outre prendre entièrement à sa charge les frais de sépulture, sans que le mari ait à y contribuer. La femme vient à mourir. Si l'étranger fait réellement les funérailles, la convention sus-énoncée s'exécutera sans difficultés. Mais si c'est une autre personne, celle-ci ne sera point obligée de tenir compte d'une convention particulière qui ne peut prévaloir contre le droit général (1). Elle pourra donc actionner le mari en proportion du tiers qu'il recueille d'après la stipulation de dot, quitte à celui-ci de se faire rembourser ensuite par le constituant.

196. — Quelques mots sur deux autres hypothèses :

A. Le père a promis une dot qui doit rester la propriété du mari, mais ne l'a point encore versée au moment du décès de la femme. Le mari aura contre lui l'action *ex stipulatu* pour se la faire délivrer ; mais il devra lui tenir compte des déboursés faits à l'occasion des obsèques, puisqu'il y a là *æs alienum dotis*, soit que le père ait agi par lui-même, soit qu'une tierce personne s'en soit chargée et ait droit en conséquence à l'action funéraire contre ce dernier (l. 30, *De Relig.*).

B. A l'inverse, le père a constitué la dot avec stipulation qu'elle lui fera retour à la dissolution du mariage. Le mari ne l'a pas encore restituée, et un étranger fait les funérailles de la femme. Cet étranger, pour obtenir son remboursement, pourra exercer directement l'action en restitution qui appartient au père. Ce n'est qu'après le paiement intégral des frais

(1) L. 88, D. de pactis ; l. 1, § 0, D. de magistratib. convenient.

funéraires à cette personne que le père agira personnellement pour se faire restituer le reste (l. 29, § 1, *De
Relig.*).

197. — En terminant sur cette matière, demandons-nous
si l'action funéraire pouvait être exercée contre les collèges. L'hypothèse n'est prévue par aucun texte ; mais nous
croyons fort équitable de faire ici l'application des principes
généraux. L'action étant accordée contre tous ceux *ad quos
funus pertinet*, si le collège qui doit se charger des obsèques n'a
point versé le *funeraticium* établi d'après les règlements (1),
il sera valablement poursuivi par la personne qui a fait les
funérailles jusqu'à concurrence de l'acquittement de sa dette

ARTICLE III.

Du privilège des frais funéraires.

198. Il garantit toute action tendant au recouvrement des frais funéraires.
199. Il prime tous les autres privilèges.
200. Il prime aussi toutes les hypothèques tacites ou expresses. Distinction
    proposée. Controverse.
201. Il ne s'étend pas aux frais de dernière maladie. Controverse.

198. — La créance des frais funéraires est garantie par un
privilège, ainsi que nous l'avons déjà indiqué. Ce privilège
s'applique non seulement à l'action *funeraria*, mais à toute
autre action qui aurait trait aux frais de sépulture, par exemple
l'action *familiæ erciscundæ* ou l'action *mandati*, dans les circons
tances que nous avons étudiées. Si même il y a eu nova-
tion de la créance, si elle a fait l'objet d'une stipulation, le
privilège qui y est attaché demeure toujours : pour que le

(1) V. suprà, n° 128.

contraire ait lieu, il faudrait que la stipulation ait eu précisément pour but de le faire disparaître (1).

Une fois donc la *venditio bonorum* du défunt obtenue, le privilège s'exerçait ; mais dans quel ordre, s'il se trouvait en concours avec d'autres privilèges ou des hypothèques ?

199. — Les privilèges, en droit romain, différaient essentiellement des privilèges reconnus par la loi française. Loin de primer les hypothèques, ils ne passaient qu'après elles, quand bien même elles leur étaient postérieures en date, et ils ne comportaient aucun droit de suite. C'étaient de simples droits de préférence (*privilegia exigendi*) créés par des constitutions impériales, et déterminés soit par la nature de la créance, soit par considération de la personne du créancier (*privilegia causæ* et *privilegia personæ*). Dans la première catégorie, il faut comprendre, en outre de celui qui nous occupe, les privilèges attachés aux frais faits pour la reconstruction d'une maison, pour l'achat, la réparation ou l'armement d'un navire, ceux garantissant les créances qui proviennent d'un dépôt d'argent fait chez un banquier ou un changeur (2), etc. Dans la seconde, rangeons le privilège du fisc, celui du prince pour toutes ses créances, celui de la femme mariée pour la restitution de sa dot, ceux des pupilles et des mineurs, vis-à-vis de leurs tuteurs et curateurs, etc. (3). Nous n'avons point d'ailleurs à en donner l'énumération complète. Encore moins

(1) L. 47 pr. in fine, de reb. auct. jud. — Cujas, Comment. ll. 21, 23, 25, de Relig. : lib. XXVII Pauli ad edictum.

(2) Zimmernn, Traité des actions ou théorie de la procédure privée chez les Romains, § 83. Des créances privilégiées, 1813, t. V, p. 378. — H. Taudière, Des Argentarii, n° 71. (Th. doct.)

(3) Maynz, § 300, t. II, p. 608.

avons-nous à entrer dans les controverses inextricables qui
peuvent être soulevées sur le point de déterminer leurs rangs
respectifs, lorsqu'ils se trouvent en concours entre eux. Il
est en effet hors de doute que celui qui assure le remboursement des frais funéraires prime tous les autres: cela résulte
clairement de la loi 45, D. *de Relig.*, et est reconnu par tous
les auteurs (1).

200. — Mais la question est plus délicate quand on se
trouve en face d'une créance garantie par une hypothèque.
Du principe que l'hypothèque prime le privilège, il faudrait
logiquement conclure que le remboursement des frais funéraires ne s'opérerait qu'après celui de toutes les créances
hypothécaires. Nombre d'auteurs admettent cette opinion (2).
D'autres distinguent suivant que les hypothèques sont
expresses ou tacites, et estiment que ces dernières seules sont
primées par le privilège qui nous occupe. Ils argumentent de
ce que le privilège de la femme pour la restitution de sa dot
serait préféré aux hypothèques tacites, mais non aux hypothèques expresses, et ils prétendent lui assimiler celui des
frais funéraires. Remarquons d'abord que ce dernier existait
même avant l'hypothèque tacite de la femme ; ajoutons, en
outre, que si l'on examine la lettre et l'esprit de la loi 12
assiduis, au Code *qui potior in pignor.*, et la Novelle 97, on ne
peut admettre que ce privilège prime seulement les hypothèques tacites. En l'établissant, Justinien lui a donné le pas
sur toutes les créances hypothécaires quelconques. Si donc

---

(1) Muhlenbruch, Doctrina Pandectarum. Liv. II, de Juribus, ch. v, § 173,
t. I, p. 341. — Maynz, loc. cit. et t. I, p. 903. — Zimmernn, loc. cit.
(2) Noodt, liv. XI, tit. vII, p. 269.

on lui assimile le privilège des frais funéraires, celui-ci doit avoir au moins le même rang (1).

Mais nous allons plus loin, et nous croyons que notre privilège prime toutes autres créances, soit chirographaires, soit hypothécaires, expresses ou tacites. Il faut voir là une créance privilégiée par excellence (2), ne donnant pas lieu aux difficultés que présente le classement des privilèges et hypothèques (3). Les dettes pour frais de sépulture doivent être acquittées les premières de toutes, et les termes de la loi 45, D. *de Relig.*, le disent assez explicitement. « *Impensa funeris semper ex hereditate deducitur quæ etiam omne creditum solet præcedere, cum bona solvendo non sint.* » C'est également l'avis formel de Paul : « *Quidquid in funus erogatur, inter æs alienum primo loco deducitur* » (4). Il serait invraisemblable, en effet, qu'un colon ou fermier, par exemple, consentît à ce que s'il mourait insolvable, les objets apportés par lui dans la ferme servissent à désintéresser son créancier bailleur avant de procurer les frais de sa sépulture. Disons même, avec un auteur (5), qu'on devrait considérer comme contraire aux lois et aux mœurs toute convention opposée, même intervenue sur la foi du serment, comme serait celle où un débi-

____

(1) Cujas, Comment. liv. VIII, tit. XVII, C. 1, ult : Op. t. IX, p. 1142. — Doneau, t. IX, p. 1107, n° 4.

(2) A. Faber, Rationalia, ad leg. 45, de relig. — Brunemann, liv. XI, tit. VII, t. I, p. 408. — Mackeldey, Manuel de droit romain, § 73 et suiv. — Schilling, Du gage et de l'hypothèque : traduction Pellat, § 17, 18. — Sevin, Privilèges et hypothèques : Revue critique, t. XVI, p. 493.

(3) Ces difficultés existent plus dans les détails que dans l'ensemble de la théorie romaine. — V. sur la question : Hureaux, De la transmission de la propriété par actes entre-vifs et des privilèges sur les immeubles : Revue pratique. Année 1873, tome XXXVI, p. 290.

(4) Paul. Sent. liv. I, tit. 21, § 15. — « Quicquid in sepultura defuncti expensum fuerit, priusquam aliis creditoribus de mortui heredita te reddendum est. » (Hænel, Lex romana Visigothorum, Leipzick, 1848.)

(5) A. Faber, loc. cit.

teur déclarerait à son créancier qu'en cas d'insolvabilité à sa mort, la créance serait payée avant les frais des funérailles. Il y a là un intérêt majeur qui domine : celui du respect pieux que l'on doit aux morts.

201. — Demandons-nous, à ce propos, si les frais de dernière maladie doivent être assimilés aux frais funéraires, et si le privilège dont jouissent ces derniers leur est applicable.

Le droit romain garde le silence à ce sujet ; mais on ne doit point étendre les privilèges par voie d'analogie. Certains auteurs(1) ont trouvé dans la loi 37, *de Relig.*, un motif de rapprocher les frais de dernière maladie des frais funéraires, à propos de l'expression « *unguenta* » ; mais il est hors de doute qu'on doit laisser à ce terme sa signification évidente et restreinte aux préparations servant à l'embaumement des cadavres. Ils invoquent aussi la loi 4, C. *de petit. hered.*, qui permet au possesseur vaincu dans la pétition d'hérédité de réclamer à la fois les frais de dernière maladie et les frais funéraires, sans distinguer entre eux. Cette loi accorde bien en effet le droit au remboursement de ces frais; mais elle ne parle en aucune façon de la question du privilège.

D'autre part, la loi 14, § 6, déclare expressément que l'action funéraire ne s'applique qu'aux frais de sépulture : « *continet funeris causa tantum impensam, non etiam cæterorum sumptuum.* » Ce texte est trop formel pour être contrarié par la loi 3, C. *de Relig.*, qui semblerait confondre les frais funéraires et les frais de maladie. Celui donc qui aura fait ces derniers aura l'action de gestion d'affaires : c'est dans ce sens que la loi 3, C. nous semble devoir être interprétée (2).

(1) Voët, liv. XI, tit. VII.
(2) A. Faber, Rationalia, ad leg. 12, § 6, D. de relig. — Noodt, ad h. l.

CHAPITRE X.

DE LA VIOLATION DE SÉPULTURE.

202. Protection assurée à la paix du tombeau.
203. Violation du cadavre et violation du sépulcre.

202. — Si tout Romain de l'antiquité était persuadé que le défaut de sépulture condamnait son âme à l'état de perpétuelle misère, s'il cherchait par tous les moyens que nous avons vus à éviter un tel sort, combien ne devait-il pas avoir en horreur ceux qui, poussés par un dessein coupable, tentaient de lui enlever le bienfait suprême de la paix du tombeau ! Quel châtiment est assez rigoureux pour leur faire expier un tel crime ? et surtout quelle pénalité assez forte pour que la crainte de s'y exposer parvienne à les éloigner ?

Là devait se porter tout l'effort des législateurs : nous verrons qu'ils n'y ont point manqué.

Lorsque disparurent les grossiers préjugés de la vie dans le tombeau, la haine des profanateurs ne s'éteignit point avec eux. Quelle que soit la croyance adoptée sur la destinée humaine après la tombe, que ce soit celle de l'anéantissement ou celle d'une seconde existence tout immatérielle dans le monde des âmes (1), le corps de l'homme et le lieu où il repose ne restent pas moins choses éminemment dignes de respect. Pour le Romain qui s'est affranchi de la religion primitive, le sépulcre garde néanmoins son caractère de « *locus religiosus* » ; et les lois, nous allons nous en rendre compte, le

(1) Fustel de Coulanges, Cité antique, liv. V, ch. I, p. 416.

garantissent aussi sévèrement que possible de la profanation.

Ces mesures de protection ne furent point ralenties lorsqu'au polythéisme succéda la religion appelée à transformer le monde : par les empereurs chrétiens, respect absolu allait être assuré à la demeure provisoire mais sacrée du cadavre qui doit ressusciter.

La gravité des peines infligées aux profanateurs chez tous les peuples est donc la conséquence de l'importance religieuse reconnue partout à la sépulture des corps, en même temps qu'elle en est la sauvegarde. En vain le Romain aurait gravé sur son tombeau l'inscription « *perpetuæ securitati* » qu'il y plaçait parfois (1) ; en vain l'aurait-il fait suivre d'avertissements ou d'imprécations (2) : tout eût été inutile si dans les lois un châtiment spécial n'avait menacé les coupables.

203. — Les observations qui vont suivre sur la violation de sépulture sont l'épilogue obligé de notre étude. Il faut à ce propos distinguer deux sortes de violation : celle du sépulcre proprement dit et celle des cadavres.

Quant à cette dernière, énonçons tout de suite, pour n'y plus revenir, les dispositions de la loi romaine qui la concernent. Ceux qui ont dépouillé un cadavre, ou l'ont enlevé injustement de son lieu de sépulture, sont punis tantôt de la peine de mort, tantôt de celle des mines, s'ils sont d'une condition vile ; de la relégation, s'ils sont *honestiores* (3). La peine capitale était toujours encourue si la violation avait eu lieu à main armée (4).

(1) Marquardi Freheri πάρεργον seu verisimilium, liv. I, ch. 23 : Otton, t. I, p. 804.
(2) V. suprà, n° 130.
(3) Paul. Sent. tit. 21, § 4. — L. 11, D. de sepulc. violat.
(4) L. 3, § 7, D. de sepulc. viol.

En traitant de la violation du lieu religieux, nous nous demanderons successivement ce qui constitue le délit, quels moyens de droit furent employés à l'époque classique pour la réparation de l'injure qu'il fait naître, quelles pénalités furent édictées sous les empereurs chrétiens pour sa répression.

SECTION I.

Ce qui constitue le délit.

204. La sépulture de l'ennemi ne saurait être violée.
205. Causes générales de violation.
206. 1° Inhumation irrégulière.
207. 2° Profanation. Ses différents modes.

204. — Toute *justa sepultura* étant, par le fait de son caractère religieux, exposée à la violation, le droit à la protection légale lui est acquis. Il faut en conclure aussitôt que cette protection ne s'applique point à la sépulture des ennemis (1). Celle-ci en effet est « *injusta* » : par une conséquence du droit de la guerre, comme nous l'avons vu, elle devient profane, d'où il résulte qu'elle ne saurait être violée. On peut donc souiller le tombeau de l'ennemi, briser les colonnes, détacher les pierres, pour en faire ensuite l'usage qu'on voudra ou les vendre. L'action « *sepulcri violati* » ne s'exercera point, et l'impunité est assurée.

205. — Il serait difficile de donner une énumération limitative et complète des causes qui peuvent amener le crime que nous étudions.

S'agit-il des cadavres ? La violation sera produite par leur

(1) L. 4, D. de sepulc. violat.; l. 36, de relig.

mutilation (1), leur dépouillement par les voleurs (2), leur exhumation intempestive (3), le dispersement des cendres, etc., etc.

S'agit-il du sépulcre ? Ramenons les principales causes de violation aux deux idées générales d'inhumation irrégulière et de profanation.

206. — 1° *Inhumation irrégulière.* — C'est violer la sépulture que d'inhumer un mort dans un tombeau où il n'a pas le droit d'être déposé. Ainsi un héritier peut être tenu de l'action *sepulchri violati* s'il a inhumé une personne dans le sépulcre héréditaire, malgré la défense du testateur (4). Celui-ci en effet est libre d'interdire ou de permettre l'inhumation selon son bon ou mauvais gré. C'est encore violer la sépulture que de déposer un cadavre dans le sarcophage (5) qui en contient déjà un autre. Nous relevons ici, comme cause de violation de sépulture, la juxtaposition des corps dans le même cercueil, et non l'inhumation dans le même sépulcre, qui, nous le savons, peut être faite légitimement par toute personne y ayant droit (6).

207. — 2° *Profanation.* — Elle est produite de bien des manières. Citons notamment :

La démolition du sépulcre en tout ou en partie par le profanateur ou son esclave. Si les pierres ou colonnes détachées sont vendues, en outre du crime de violation de sépulture, il y aura nullité de la vente.

---

(1) Tacite, Annales, II, 60.
(2) L. 3, § 7, C. de relig., — Novelle 5, de sepulcris.
(3) L. 11, C. de relig. — Paul. Sent. tit. 21, § 4.
(4) L. 3, § 5, de sepulc. violat.
(5) « In solio » et non « in solo », suivant l'observation judicieuse de Schulting.
(6) Paul. tit. 21, § 8. — Suétone, Néron, 50.

L'effacement des inscriptions sépulcrales.

Le renversement ou le vol des statues qui ornent le tombeau. Dans le cas spécial où la statue posée sur le sépulcre n'a été que mutilée à coups de pierre, sans être jetée à bas, il n'y a pas lieu à l'action *sepulchri violati*, mais seulement à l'action d'injures (1).

La dissimulation, sous un amas de terre, des ruines d'un sépulcre. Le crime est encore plus grave que d'en détruire les ornements, car c'est faire disparaître une sépulture et en priver la postérité (2).

Le changement d'usage ou de destination (3). Ce qui est une fois devenu religieux ne peut plus cesser de l'être sans qu'il y ait « *sepulchrum violatum* », sauf dans les cas que nous avons déterminés.

L'extension donnée aux réparations du sépulcre au delà des points auxquels se restreignait l'autorisation des pontifes.

L'habitation du sépulcre. Le fait d'habiter le sépulcre n'entraîne profanation que s'il y a *dolus malus*. Il arrivait parfois que le testateur ordonnait à ses affranchis ou à ses esclaves de ne point s'éloigner de son tombeau : « *Quos libertos meos, ubi corpus meum positum fuerit, ibi eos morari jubeo, ut per absentiam filiarum mearum ad sarcophagum meum memoriam meam quotannis celebrent* » (4). Les esclaves pouvaient alors se construire un petit lieu de retraite (*domuncula*) adossé ou superposé au tombeau ; et des inscriptions en font mention (5). Pour ceux qui sans raisons plausibles ont

(1) L. 27, D. de injuriis. — Tussanus de la Rue, Amœnæ observationes juris, cap. VIII, op. cit.

(2) Code Théodosien, Constit. II.

(3) L. 12, § 1, D. de relig.

(4) L. 18, § ultim. D. de alim. et cib. leg.

(5) Gruter, 762, 5. Orelli, 108, 1368, 1369, 1371, 1374. Il y avait aussi les cons-

enfreint cette interdiction, nous verrons quelles pénalités leur sont réservées. — On rencontre, dans l'antiquité, des philosophes qui, pour vivre plus solitaires, ont habité les tombeaux, par exemple Démocrite (1). Point n'est besoin de dire qu'en agissant de la sorte, ils étaient loin de commettre le crime de violation de sépulture, non plus qu'en général tous ceux qui, pour un motif pieux, s'établissaient un abri près des sépulcres (2).

Ceux qui détruisent les monuments funéraires pour construire un édifice avec les matériaux en provenant, commettent un double crime, dit Constance : envers les morts, car ils troublent leur repos ; envers les vivants, car ils les *souillent*, en bâtissant avec de tels matériaux (3). Cette dernière idée est encore tout empreinte du souvenir des rites antiques ; il ne faut point s'étonner de la voir énoncée par un prince chrétien, mais se rappeler que la constitution s'adressait sous forme d'édit au peuple, dont une grande partie n'était pas encore convertie à la religion nouvelle. Du reste, ce souvenir des rites païens devait durer longtemps.

La destruction du tombeau avait parfois pour mobile la fabrication de la chaux avec les matériaux qui en provenaient : la constitution deuxième du Code Théodosien sur notre matière punit les démolisseurs, vendeurs et acheteurs qui poursuivent un tel but.

Elle punit également le juge qui aurait fait démolir un sé-

---

tructions secondaires, telles que les logements du concierge, des gens de service, du jardinier, etc. Elles ne faisaient point partie du tombeau proprement dit, et rien ne s'opposait à ce qu'elles fussent habitées.

(1) Scipiouis Gentilis originum ad Pandectas lib. sing., v° Monumentum : Otton, t. IV, p. 1392.

(2) Godefroy, Code Théodosien, t. III, p. 155.

(3) Code Théodosien, Constit. IV.

pulcre pour bâtir un édifice public dans un motif d'intérêt soi-disant général ; les travaux publics sont exécutés au moyen de ressources spécialement désignées : les constitutions des empereurs sont unanimes dans ce sens (1).

Sans chercher à préciser davantage les différentes causes de violation de sépulture, venons à l'étude des actions qu'elle engendre. C'est le point important de nos observations.

SECTION II.

Moyens de droit employés à l'époque classique pour la réparation de l'injure.

208. L'intérêt public et l'intérêt privé sauvegardés par l'action *de sepulchro violato*.

208. — Posons en principe que, dans la réparation du crime de violation de sépulture, égale satisfaction doit être donnée à l'intérêt public et à l'intérêt privé. L'action populaire *de sepulchro violato* sauvegarde l'un et l'autre. La personne intéressée qui l'intente, tout en agissant pour son compte, concourt en quelque manière au rôle de l'Etat ; d'ailleurs, si elle n'agit pas elle-même, faculté est laissée à tout le monde d'intervenir, de telle sorte que la réparation du crime est assurée.

C'est un des caractères les plus remarquables de l'exercice de la plupart des actions populaires dans le dernier état du droit, que cette préférence accordée tout d'abord à l'initiative des parties plus particulièrement lésées. Ce n'est plus alors

(1) D. liv. L, tit. X, de Operis publicis. — Code Théodosien, 11. 2, 3, 4, 5.

la pure théorie des actions populaires sous sa première forme : sur ce point elles se rapprochent des actions privées, et, la distinction qui les sépare n'étant pas toujours très précise, il en résulte des difficultés que nous indiquerons.

L'action *de sepulchro violato* est du nombre de ces actions. Donnée en première ligne « *ad quem res pertinet* », elle ne devient populaire, au sens littéral du mot, que si personne ne se présente ayant intérêt à l'intenter. Pour mieux l'étudier, examinons-la successivement dans ces deux phases.

ARTICLE I.

L'action est d'abord donnée au principal intéressé.

§ I. — *Nature*.

209. Elle est prétorienne, pénale, bilatérale.
210. Conséquence.

209. — Entre les mains du principal intéressé, elle a la nature d'une action prétorienne pénale bilatérale. Bilatérale, disons-nous : c'est-à-dire qu'outre la réparation intégrale du dommage, le demandeur a le droit d'exiger une certaine somme à titre de peine. La partie lésée sera donc enrichie de cette somme, et le délinquant appauvri, à la différence des actions pénales unilatérales, où le demandeur n'a droit qu'à la réparation du préjudice subi, sans réaliser aucun enrichissement.

C'est une action prétorienne : la loi 3 pr. *de sepulchr. violat.* lui donne formellement pour origine l'édit du préteur, et nous ne pouvons, par suite, admettre l'opinion de M. Maynz, qui la range au nombre des actions civiles (1).

____
(1) Maynz, § 283, p. 513.

210. — La conséquence est qu'au point de vue de la durée, cette action partage le sort de la plupart des autres actions pénales prétoriennes, et est annale. Nous avons eu l'occasion déjà de critiquer ce vice de conception qui faisait limiter à un si bref délai pour les actions prétoriennes pénales la poursuite d'une dette née d'une lésion injuste. Au demeurant, la non-perpétuité de notre action tient encore à une autre cause : c'est qu'elle est du nombre de celles « *quæ meram vindictam spirant* », données pour défendre l'honneur plus que le patrimoine, et dont l'on tendait à restreindre l'exercice en en limitant la durée.

Ajoutons que, précisément en raison de cette nature, elle est intransmissible, à la différence des actions pénales ordinaires qui passent aux héritiers de la victime du délit.

Ainsi que toutes les actions prétoriennes directes, notre action a son *intentio in factum*.

§ II. — *Objet.*

211. Il est proportionné à la *vindicta*.
212. Il ne repose pas sur un intérêt pécuniaire.
213. Liberté d'appréciation laissée au juge. Minimum imposé.
214. Valeur juridique de la *mulcta sepulcralis*.

211. — Que comprenait cette *intentio* ? Autrement dit, quel est l'objet de l'action *sepulchri violati* ? Nous l'avons dit : c'est à la fois la réparation du dommage et l'attribution au demandeur d'une certaine somme à titre de peine (1). Mais sur quelle base calculera-t-on cette somme ? Le montant de la condamnation sera évalué à ce qui paraîtra juste, dit la

(1) L. 3 pr., t. 9, D. de sepulc. violat.

loi 3 pr. et § 8, *de Sepulchr. violat.* : « *Nihil aliud est quam æsti-matio delicti* » (1). Le juge appréciera donc tout l'intérêt du demandeur, c'est-à-dire la gravité de l'outrage, le dommage causé au sépulcre, l'audace du profanateur, le profit qu'il a retiré de son crime (2); de même qu'en face du délit d'injure, pour déterminer la peine qui en résulte, il faut tenir compte du degré de cette injure et de la dignité de la personne en cause (3).

Au fond, la mesure de la peine sera proportionnée à la *vin-dicta* qu'est en droit de réclamer la personne lésée. Remarquons du reste, avec M. de Savigny, qu'il ne faut point donner à cette expression le sens ordinaire du mot *vengeance.* Entendons par là, dit-il, non point l'idée de satisfaction d'un ressentiment par le mal d'autrui, mais bien celle de répara-tion d'un droit violé en la personne du demandeur (4). C'est bien ce qu'expriment les textes quand ils disent que l'action « *ad ultionem pertinet* » (5) et que son objet consiste « *in sola vindicta* » (6).

212. — A la vérité, elle a bien plus pour but de faire valoir un intérêt moral que de réaliser un droit pécuniaire. S'il y a enrichissement pour le demandeur, ce n'est que comme conséquence de la peine ; et c'est ce qui fait qu'elle prend à juste titre sa place parmi les actions « *in bonum et æquum conceptæ* », dont le trait caractéristique est qu'elles ne

---

(1) Cujas, lib. XXVII. Pauli, ad Edict. Explic. l. 138, de reg. juris, Op. t. V, p. 381.

(2) L. 3, § 8, de sepulc. violat.

(3) Instit. de injuriis, § 7. — D. de injuriis, l. 30, § 1, 31.

(4) Savigny, Droit romain, ch. II, t. II, p. 121, § 73.

(5) L. 6. D. de sepulc. violat.

(6) L. 10, id.

reposent sur aucun intérêt pécuniaire (1). Il en résulte que la condamnation dans ces actions (qui ne doivent point être confondues avec les actions de bonne foi) (2) est appréciée par le juge avec une latitude exceptionnelle ; que jusqu'à la *litis contestatio* elles ne comptent point dans le patrimoine du demandeur et ne se transmettent point à ses héritiers. Ainsi en est-il pour notre action *de sepulchro violato* que la loi 10 de notre titre déclare expressément *in æquum et bonum concepta*.

213. — Plein pouvoir d'appréciation est donc laissé au juge dans l'arbitrage de la peine. Un minimum toutefois lui est imposé. Il ne pourra prononcer une condamnation inférieure à celle qui serait encourue si l'action était intentée par une personne non intéressée, c'est-à-dire un étranger exerçant l'action populaire (3), auquel cas la peine est fixée à un taux de 100 ou 200 *aurei*, suivant les hypothèses.

214. — Nous avons vu que c'était une habitude chère aux Romains, pour assurer le repos de leur dernière demeure, que d'inscrire sur les tombeaux des dispositions contre les profanateurs ; le plus souvent, elles consistaient en une amende (*mulcta sepulcralis*). Il est impossible de ne pas reconnaître à ces dispositions un effet juridique.

Quand elles n'étaient pas excessives, elles servaient presque toujours de mesure à la condamnation prononcée par le magistrat, au cas de violation du sépulcre. Sanctionnée par l'autorité du préteur, la volonté du mort devenait donc ainsi

---

(1) Accarias, § 869, t. II, p. 1131, note 1. — Lectius ad Macrum. De publicis judiciis, liv. I, 1. 8, de sepulch. violat. : Otton, t. I.

(2) Accarias, id. — Cujas, Comment. Quæst. Papin., liv. VIII. Explic. 1. 10, de sepulchr. violat.

(3) L. 3, § 8, de sepulchr. violat.

loi pénale, et point n'est besoin, pour légitimer ce fait, de recourir aux explications qu'ont fournies certains auteurs. Les uns ont voulu y voir une conséquence lointaine de la puissance du père de famille ; d'autres, un legs fait *nomine pœnæ ;* mais cela n'est pas possible, puisque l'amende est prononcée non seulement contre les héritiers et les légataires du défunt qui a bâti le sépulcre, mais contre tout profanateur éventuel quelconque.

Certains enfin ont prétendu qu'une loi ou un sénatus-consulte ont dû, à l'origine, autoriser l'usage général de cette amende ; mais ils ne donnent point de preuves sérieuses à l'appui de cette conjecture (1).

§ III. — *Quel est le principal intéressé ?*

215. Le titulaire du *jus sepulchri.*
216. Effet de la *litis contestatio.*
217 L'exercice de l'action par l'héritier n'implique pas adition d'hérédité.
218. Le principal intéressé peut être une association.
219. L'action peut être exercée par un *capite minutus.*

125. — Le principal intéressé est évidemment le titulaire du *jus sepulchri ;* à son défaut seulement, l'action peut être exercée par tout le monde, et mérite alors sa qualification de *popularis.*

S'il y a plusieurs coïntéressés jouissant du *jus sepulchri,* l'action compète à tous, car tous ayant souffert de l'offense ont droit égal à la réparation. Ce droit n'est donc pas éteint par l'initiative d'un seul, et chacun pourra intenter l'action selon la mesure de son intérêt personnel à la *vindicta* (2).

126. — Au cas où l'intéressé n'aurait pas voulu ou aurait

(1) Orelli, 4279. — Mommsen, Staatsrecht, 2, 67.
(2) L. 3, § 9, de sepulch. violat.

négligé d'intenter l'action, ses droits seront maintenus jusqu'au moment de la *litis contestatio*, et primeront ceux de la personne qui aurait introduit l'action populaire (1). Cette action en effet, par la raison que le premier venu l'exerce valablement, ne compte dans le patrimoine de personne tant que la *litis contestatio* ne l'a pas fait sortir du domaine de tous pour l'approprier à un demandeur déterminé ; or la personne qui y a intérêt, si elle veut revenir sur sa première décision, doit être la préférée. Mais elle n'aura plus la faculté de se mettre en cause, une fois la *litis contestatio* intervenue ; celle-ci produit alors ses effets ordinaires et engage définitivement l'instance.

Cette règle ne fléchit même pas au cas où il n'aurait pas été possible jusque-là à la partie intéressée d'agir, par exemple dans l'hypothèse où elle aurait été absente pour le service de l'Etat (2). Remarquons, du reste, que l'objet de l'action étant un intérêt moral plutôt que pécuniaire, l'absent ainsi écarté n'a pas lieu de se plaindre de son éviction. La chose se passerait autrement, il est vrai, dans les hypothèses où, par suite de son absence, il a à souffrir un dommage obligé dans ces biens : c'est alors le cas de se rappeler la règle posée dans la loi 40 pr. D. *Ex quibus causis majores* : « *Si qua militi accusatio competat, tempore quo reipublicæ operam dedit, non perimitur* ». Ici, rien de semblable. Le principe fondamental de l'action domine toujours notre matière. Il ne saurait mieux être rendu que par cette expression de Cujas : « *Actio sepulchri violati est actio doloris contracta ex religione læsa potius quam actio damni dati* (3) »

(1) L. 3, § 10, cod. tit.
(2) L. 6, cod. tit.
(3) Cujas, Comment. Dig. Salvii Juliani lib. X. Explic. l. 6, sepulch. violat., t. VI, p. 49.

217. — Ce principe nous conduit à établir que, pour un héritier, intenter l'action, même à propos d'un sépulcre de famille, n'est point faire acte d'hérédité et n'engage en rien sa liberté d'accepter la succession ou d'y renoncer. Au cas même où ils y auraient définitivement renoncé, les enfants ne conserveraient pas moins le droit d'agir *ex sepulchro violato* (1). Pour la même raison, l'héritier nécessaire qui ne s'est pas encore immiscé dans la succession a le droit d'exercer l'action, sans avoir à craindre d'être empêché par les créanciers héréditaires (2). Ceux-ci assurément ont pour gage de leurs créances toute la succession, avec les actions qui en font partie ; mais l'action qui nous occupe n'est point une de celles qui peuvent faire subir une perte. L'héritier nécessaire, en l'exerçant, ne cause donc aucun préjudice aux créanciers. Il n'en retire aucun profit personnel, ne saisit ni ne réclame aucune part de la succession, et n'agit qu'en vertu de son seul titre d'héritier pour venger l'injure faite au défunt.

218. — L'action *sepulchri violati* pouvait parfaitement être exercée par le fisc, une cité, un collège de prêtres ou de vestales, un temple ou une association quelconque, si ceux-ci étaient en mesure d'invoquer la preuve que l'amende devrait leur être de préférence accordée ; cela dépend des dispositions prises par le défunt lorsqu'il s'est édifié son tombeau. La condamnation était naturellement prononcée au profit de l'association désignée par lui (3).

219. — Observons encore que notre action pourra être exercée même par un *capite minutus* : c'est une conséquence

(1) Savigny, loc. cit., p. 124.
(2) L. 10, de sepulch. violat. ; l. 20, § 5, D. de acquir. vel omitt. heredit. — Cujas, Comment. Quæst. Papin. liv. 8. Explic. l. 10, de sepulch. violat.
(3) Gruter, 861.13. — Orelli, 4431.

de son caractère d'action conçue *in æquum et bonum*. La règle générale contenue dans la loi 8, D. *De capite minutis*, soustrait toutes les actions de cette nature aux efforts de la *capitis deminutio*. Soit donc un défunt qui laisse un *suus* : si celui-ci s'abstient de la succession, puis se fait adroger, il conserve l'action. S'il ne se fût pas abstenu, le père adoptif serait devenu héritier par l'intermédiaire de l'adopté, et l'action lui appartiendrait. Dans cette curieuse hypothèse (1), la conservation de l'action au *suus* est donc la conséquence de sa *capitis deminutio*.

§ IV. — *Contre qui est donnée l'action.*

220. — L'action n'atteint que les seuls violateurs de mauvaise foi. Sont donc hors de cause ceux à qui aurait manqué l'intention délictueuse (2) ; il faut encore y ajouter les personnes qui par leur condition en sont incapables, telles que les impubères (3).

S'il y a plusieurs délinquants, l'action, comme toute action

---

(1) Savigny, loc. cit.

(2) L. 3, § 1, D. de sepulc. viol. — Sur ce texte il y a divergence de ponctuation chez les auteurs. Le Digeste porte : « Si igitur dolus absit, cessabit ejusdem personæ. Igitur doli non capaces,.... » Pothier pense qu'il faut lire: « Si igitur dolus absit, *cessavit* (edictum). Ejusdem (edicti) perso...... excusati sunt. » Cujas lit : « Cessabit ejusdem (c'est-à-dire ejusd   dicti pœna). Personæ igitur..... »

(3) L. 3, § 1, de sepulc. violat. ; 1 2, § 19, de vi bonorum raptorum.

pénale, est dirigée contre chacun d'eux. La prestation peut être renouvelée autant de fois qu'il y a d'obligés, car tous doivent être punis; payée par l'un, elle ne libère point les autres. Ce sera le rôle du juge, puisqu'il a pleine liberté d'évaluation, de la proportionner suivant la part prise au délit par chacun.

Aux co-auteurs de la violation il faut assimiler les complices, car la tendance des Romains paraît bien avoir été d'atteindre par l'action pénale tous ceux qui ont pris part au délit ou qui simplement en ont profité.

221. — Lorsqu'un acte délictueux a été commis par un esclave, nous savons que les actions pénales sont presque toujours données *noxaliter* contre le maître. Dans le cas présent, nous trouvons une exception à cette règle.

La loi 3, § 11, de notre titre s'occupe de la violation commise par un esclave qui aurait habité le sépulcre ou y aurait construit. Sera-t-il puni directement, ou bien donnera-t-on l'action noxale contre le maître ? Il faut distinguer suivant la gravité du délit.

Si l'esclave habite le sépulcre ou s'y construit une demeure, il sera poursuivi directement. S'il ne l'habite pas, ou s'il s'y est simplement édifié une *domuncula,* on donnera l'action noxale, pourvu toutefois que le juge y trouve un fondement, et reconnaisse par conséquent l'existence d'un délit. Sauf dans cette dernière circonstance, le maître n'est donc pas en cause. L'esclave est poursuivi directement par voie extraordinaire; et ce qui a lieu pour l'hypothèse spéciale de l'habitation du tombeau, serait-il téméraire de le généraliser et de l'étendre aux autres cas de violation de sépulture ?

222. — A l'époque de Justinien, l'esclave coupable d'avoir démoli un sépulcre était condamné aux mines s'il avait agi à l'insu de son maître, et, dans le cas contraire, à la déportation. De plus, on confisquait le lieu où se trouvaient déposés les débris, statues ou ornements, provenant de la démolition (1).

Le texte du Code Théodosien était plus général que celui du Code de Justinien, en ce sens qu'il ne restreignait pas l'application de la peine au seul esclave proprement dit. La loi commençait par les mots *« Si quis »*, au lieu de *« Si servus »* que porte la rédaction du Code de Justinien. C'est Tribonien qui a limité l'hypothèse, et les commentateurs l'ont suivi. D'après Godefroy, l'expression *« si quis »* au Code Théodosien comprenait tous ceux qui se trouvaient dans une situation dépendante de l'autorité du maître, tels que l'*actor*, le *procurator*, le *conductor*, le *colonus*.

223. — De même que notre action est intransmissible activement, c'est-à-dire aux héritiers de la personne lésée, de même elle ne se transmet point passivement contre les héritiers du délinquant. C'est d'ailleurs une règle absolue que l'action pénale s'éteint par la mort de celui-ci, car lui seul a mérité la peine (2).

Si, pendant l'instance, le délinquant se rend coupable d'une nouvelle violation de sépulture, ce second délit n'entrera point en ligne de compte dans la condamnation. C'est là un des effets généraux de la *litis contestatio*. Du reste, quand bien même elle ne serait pas encore intervenue, il faudrait toujours appliquer le principe en matière délictueuse que *« nunquam crescit ex postfacto præteriti delicti æstimatio »* (3). On en-

(1) L. 2, C. de sepulc. violat.

(2) Instit. § 1, de perpetuis et temporalibus actionibus.

(3) L. 138, § 1, D. de regulis juris. — Cujas, liv. XXVII Pauli ad Edictum, Explic. l. 138, de reg. jur. Op. t. V, p. 381. — Cf. ll. 9, 28, 67, § 2, D. de furtis.

gagera une nouvelle instance, s'il y a lieu, pour la réparation du nouveau délit.

224. — Notre action, tant qu'elle est intentée par la personne intéressée, n'emporte point la note d'infamie. Elle ne prend ce caractère que lorsqu'elle devient populaire, suivant le sens que nous savons : jusque-là elle est toujours *in factum*; et c'est précisément un des signes spéciaux des actions de cette sorte de ne point être infamantes. Dans certains cas même, l'action *in factum* est employée pour éviter la note d'infamie s'attachant à l'action qui devrait normalement être exercée (1). Une fois populaire, on comprend que l'action *sepulchri violati* devienne infamante, car elle a trait à des *judicia publica* qui par nature sont *famosa* (2).

ARTICLE II.

A défaut de la personne directement intéressée, l'action est ouverte à tout le monde.

225. Action populaire. Son taux. Elle est épuisée par une seule poursuite.
226. Des *judicia publica*. Première phase des actions populaires.
227. Seconde phase.
228. A laquelle se rapporte l'action *sepulchri violati*.
229. Conditions requises pour exercer cette action.
230. Elle est annale et intransmissible activement et passivement.

225. — C'est alors qu'elle prend rang parmi les actions populaires. Chaque citoyen peut l'introduire au nom de l'ordre public, et agit en quelque sorte comme représentant

---

(1) L. 11, D. de dolo malo. — L. 1, § 43, D. devi et de vi armata. — L. 1, C. de jure dotium. — L. 2, C. rerum amotarum.

(2) Accarias, § 976, p. 1375, note 1. — L. 7, D. de publicis judiciis. — L. 1 Julia peculatus. — L. 5 Julia de vi publica. — L. 8, de sepulch. violat. — Cujas, Comment. liv. XXVII Pauli al Edictum. Explic. l. 4, de sepulch. violat.

de l'Etat, mais sans avoir à fournir la caution exigée d'un procureur ordinaire (1).

Le taux de la condamnation n'est plus laissé à l'arbitrage du juge; il est fixé par l'édit à 100 *aurei*, et exceptionnellement au double de cette somme lorsque la violation résulte de l'habitation du sépulcre (2).

Si, pour exercer l'action, plusieurs personnes se présentent dont aucune n'est directement intéressée, le magistrat aura à choisir celle qui lui offrira le plus de garanties d'aptitudes (3). Mais, une fois que celle-ci aura exercé la poursuite, l'action sera épuisée. Nous avons vu qu'il en est autrement lorsqu'il y a plusieurs intéressés : chacun alors a un droit né à la réparation. Ici le demandeur n'agissant qu'au nom de la société outragée, le droit est éteint, une fois l'injure vengée ; et si une nouvelle instance était engagée à raison du fait délictueux déjà jugé, elle serait repoussée par l'exception *rei judicatæ* (4).

226. — En déclarant infamante l'action populaire *de sepulchro violato* (5), nous avons dit qu'elle dérivait d'un *judicium publicum*. Qu'est-ce à dire ? Et quelles sont les conséquences de cette origine ? Un rapide aperçu historique est ici nécessaire.

Dans l'étude de la législation romaine, le droit pénal est une des matières les plus difficiles à préciser, les idées sur la nature des crimes et leur répression s'étant formées avec les différents régimes politiques et ayant suivi les vicissitudes de

---

(1) L. 56, § 3, D. de fidejussoribus. — Savigny, Droit romain, ch. II, § 73. Actions populaires, t. II, p. 132.

(2) L. 3, pr. de sepulc. violat.

(3) L. 2, D. de popularibus actionibus.

(4) L. 3, pr. de pop. act.

(5) L. 1, de sepulc. viol.

leur organisation. Sans nous demander si à l'origine les rois s'étaient occupés de cette question (1), disons que la loi de^s XII Tables punissait différentes sortes de méfaits qu'elle énumérait : ils étaient déférés aux comices par centuries (*comitiatus maximus*), assemblée du peuple qui faisait les lois et en même temps les appliquait, d'où le nom de *judicia* et *crimina publica*. Cette appellation fut conservée aux crimes et jugements dont la connaissance fut plus tard attribuée aux comices des tribus qui ne prononçaient que des peines pécuniaires, et aux tribunaux permanents (*quæstiones perpetuæ*). Ceux-ci devinrent assez nombreux pour absorber en grande partie les *judicia publica* : devant leur juridiction, la poursuite appartient à tout citoyen, contrairement à ce qui se passait dans les comices, où l'accusation ne pouvait être portée que par un magistrat. Pendant longtemps, furent seuls reconnus *crimina publica* ceux qu'énumérait la loi des XII Tables; mais quand les *quæstiones perpetuæ* eurent pris un caractère plus exclusivement pénal, la liste des délits fut longuement accrue, et chaque tribunal spécial avait sa compétence distincte. Les peines édictées le plus fréquemment consistaient en amendes : la peine de mort, en effet, était devenue de plus en plus rare sous la République ; elle était remplacée par les dégradations civiques, dont nous n'avons point à parler ; et il faut se souvenir qu'aucun châtiment corporel ne pouvait atteindre un citoyen romain.

Une époque vint donc où les amendes furent à peu près les seules peines prononcées par les trois autorités judiciaires (centuries, tribus, *quæstiones perpetuæ*). La fixation en était arbitraire ou légale, suivant qu'une loi ordonnait ou non la pour-

____

(1) Maynz, t. II, § 267.

suite en déterminant le taux de la condamnation. C'étaient toujours des *judicia publica*, mis en œuvre par une action criminelle. Peu à peu, on vint à créer, pour des délits de diverse importance, les amendes qui se réclamaient par action civile devant des juges appelés *recuperatores*, et dont la poursuite pouvait être exercée soit par un magistrat désigné à cet effet, soit par un magistrat quelconque, soit même par tout citoyen. C'est là l'origine des actions populaires *stricto sensu*.

Le montant de la condamnation profitait habituellement au fisc ; dans certains cas, il était attribué, en partie au moins, à la personne qui avait pris en main la poursuite.

Ces actions publiques, ayant toujours leur base dans un *judicium publicum*, furent d'abord assez fréquentes aux derniers temps de la République et au commencement de l'Empire. Dans la suite, elles devinrent de plus en plus rares, et Justinien n'en a conservé que deux exemples : l'action *de termino moto* , et l'action de l'édit *de tabulis exhibendis :* la première attribuant toute l'amende au Trésor, la seconde la partageant avec celui qui a exercé la poursuite (1).

227. — Le système qui domine alors est celui des actions populaires improprement dites, telles que nous apparaît notre action *sepulchri violati*. Elles ne ressemblent à la véritable action publique qu'en ce qu'elles sont accordées à tout le monde : elles ont bien toujours pour fondement un « *judicium publicum* », et pour cette cause emportent infamie, mais elles ne sont en réalité que des actions privées quant à leur procédure, et quant à leur résultat, qui est de faire prononcer la condamnation au profit du demandeur. Les poursuites dont nous parlons plus haut, au contraire, avaient un caractère

(1) L. 3 pr. D. de termino moto. — L. 25, § 2, D. de S.-C. Siliano.

absolument public, en ce sens que le demandeur agissait *procuratorio nomine* pour l'Etat ou la communauté, et leur faisait acquérir directement le montant de l'amende.

228. — Il serait téméraire de chercher à préciser l'époque où prévalut ce nouvel aspect de l'action populaire. Bien souvent, du reste, la distinction entre la procédure publique et la procédure privée ne se trouve indiquée que d'une manière indirecte, ce qui donne à la matière qui nous occupe les apparences d'un tout très complexe. On est donc bien en droit de se demander dans quelle catégorie ranger notre action *sepulchri violati*. Faut-il lui appliquer la théorie des actions populaires pures, telles qu'elles apparaissent à l'origine, théorie qu'aucun texte n'est venu formellent abroger? Doit-on plutôt la compter au nombre des actions populaires improprement dites, telles qu'elles furent postérieurement envisagées?

Voët semble se prononcer pour la première opinion (1). Disons, pour être complet, que cette opinion peut se prévaloir d'un argument historique qui a sa valeur. Au nombre des perceptions qui entraient dans la caisse des pontifes, étaient comprises les amendes touchant les tombeaux (2). Ce fait prouverait bien que l'amende n'était point attribuée au demandeur.

Néanmoins, pour juger la question, il nous paraît plus sage d'invoquer une raison juridique. La loi 12 pr. *de verborum signific.* déclare que dans une action populaire, après la *litis contestatio*, le demandeur deviendra créancier; il en

______

(1) Voët, liv. XLVII, tit. 12.

(2) Cette caisse recevait en outre : 1° le *sacramentum*, ou amende perçue en cas de procès ; 2° l'héritage de la vestale morte sans testament ; 3° l'amende infligée à un prêtre par le grand pontife. (Mispoulet, Institutions politiques des Romains, ch. XX, § 122, t. II, p. 395.)

résulte nécessairement que le montant de la condamnation lui sera dévolu. Nous croyons qu'on doit donner à ce texte une portée générale, et que par conséquent, sauf exception, la *condemnatio* doit toujours être attribuée au demandeur. Or, dans la législation de Justinien, nous ne trouvons d'exception en cette matière qu'à propos des deux actions déjà citées : les actions *de termino moto*, et *de tabulis exhibendis*. Celles-ci doivent donc être regardées comme seules de leur espèce, et comme les derniers vestiges d'une procédure tombée en désuétude. Il suit de là que notre action *sepulchri violati* prend sa place parmi les actions populaires, telles qu'elles se présentent dans le dernier état du droit, et qu'elle en suit toutes les règles.

229. — L'action populaire n'appartenant spécialement à personne, il en résulte que chacun peut l'exercer sous la seule condition d'être capable de postuler en justice. Il faut la refuser à toute personne qui n'est pas *integra* (1), par exemple à celle qui aurait encouru la note d'infamie (2). Pour cette raison encore, la femme et le pupille en sont privés (3) ; cependant cette règle ne s'entend que dans le cas où la femme et le pupille n'auraient pas un intérêt personnel à agir, car ce n'est que sous cette condition qu'il est vrai de dire que l'action ne compte pas dans les biens du demandeur.

Aucune action populaire ne peut être intentée par procureur (4). Il faut encore faire fléchir ce principe lorsqu'il y a un intéressé : dans ce cas, en effet, la loi 42, D. *de procuratoribus*, établit spécialement pour notre action *sepulchri violati*, l'exception dont nous parlons.

---

(1) L. 4, D. de popul. action.
(2) L. 8, de accusationibus; l. 7 pr. ad leg Jul. Majestat.
(3) L. 6, de pop. action.
(4) L. 5, id.

230. — L'action populaire ne passe aux héritiers ni activement ni passivement (1). C'est la règle pour toutes les actions populaires : elle est d'autant plus stricte pour notre action *sepulchri violati* que celle-ci, nous le savons, est du nombre des actions qui « *vindictam spirant* », et qui, pour cette raison, sont intransmissibles.

Ajoutons enfin que l'action populaire s'éteint par le bref délai d'un an (2). Nous avons vu que lorsqu'elle est exercée par l'intéressé, elle est également annale, en raison de sa nature d'action pénale prétorienne.

SECTION III.

Pénalités sous les Empereurs chrétiens.

231. Aggravation du système de répression.
232. La dénonciation du crime.
233. Juridiction compétente.
234. Diverses constitutions des empereurs au Code Théodosien.
235. Novelle 5ᵉ de Valentinien III.
236. La législation de Justinien.
237. Conclusion.

231. — Nous venons d'exposer le mécanisme de la répression du délit de violation de sépulture tel qu'il était en vigueur sous la période classique. Il devait nécessairement être modifié suivant les transformations successives de la procédure sous les empereurs. Le système pénal devint bientôt très sévère. Nous n'avons point à montrer comment cette sévérité ne fit que suivre une marche ascendante avec le Christianisme ; remarquons seulement qu'il était naturel que celui-ci punît

(1) L. 7 pr. ; l. 8, de pop. act.
(2) L. 8, id.

d'une manière spéciale un crime qui intéressait de si près un de ses principaux dogmes. Dans ce rapide aperçu, nous constaterons, en même temps que l'accroissement des peines corporelles, la tendance fiscale qui dès la fin de la période classique fut un des caractères particuliers de la législation pénale romaine (1). Nous n'aurons plus, du reste, à distinguer la violation du sépulcre de la violation du cadavre : ces deux crimes sont, la plupart du temps, assimilés et soumis aux mêmes peines.

232. — L'accusation publique, si pratiquée alors, avait eu en quelque sorte sa première origine dans les actions populaires. Déjà cependant, sous la République, on avait accordé, dans certains cas, des récompenses aux citoyens qui se portaient accusateurs, ou même simples dénonciateurs (2) (*indices*). Sous l'Empire, l'accusation devint un métier, quelquefois entravé, le plus souvent encouragé, jusqu'à ce qu'on aboutît à faire de la délation une fonction publique.

Le crime de violation de sépulture pouvait donc être dénoncé par trois voies différentes, ainsi que le remarque la constitution 4e sur notre matière au Code Théodosien, reproduite dans la loi 4 au Code de Justinien :

1° Par ceux qui y ont intérêt, en première ligne ;

2° Par toute personne, puisque l'accusation est ouverte à tous ;

3° Par les *officiales*, agents secrets et confidentiels de l'administration centrale (3). « *Sive quis ad officium nuntiaverit* », dit la loi.

(1) Maynz, t. I, p. 263.
(2) Id.
(3) Serrigny, Droit public romain, t. I, n° 87.

233. — Nous avons vu comment la compétence, en cette matière longtemps au pouvoir des pontifes, fut partagée entre eux et le préfet de la ville à Rome, et attribuée aux présidents dans les provinces. Constance, dans la 2ᵉ Constit. au Code Théodosien, rappelle et maintient ces dispositions. On pourrait peut-être s'étonner de ce que lui, prince chrétien, laissât aux pontifes du culte de l'ancienne Rome la connaissance de ces questions. Sans nul doute, il s'agit là des sépultures païennes. Le Christianisme, dans sa lutte contre les rites anciens, avait encore à compter avec leurs représentants. Du reste, la juridiction, partagée avec le préfet de la ville, n'appartenait pas en entier aux pontifes : c'était une garantie. Il n'est pas téméraire de supposer que, par une juste réciprocité, lorsqu'il s'agissait des sépultures chrétiennes, l'autorité ecclésiastique était compétente, sinon seule, du moins en concours avec le *præfectus urbis* (1). Cassiodore nous apprend que, de son temps, la connaissance de ces matières était du ressort du *comes rerum privatarum,* fonctionnaire de l'Empire, de la classe des *Illustres*, administrateur du trésor de la couronne (2).

234. — La peine de mort était habituellement la sanction du crime de violation de sépulture. Elle fut supprimée, mais pour un temps seulement, par Constance, dans la 2ᵉ constitution de notre titre au Code Théodosien (année 349 après Jésus-Christ). Le profanateur était alors puni d'une peine pécuniaire d'une livre d'or (3). La même constitution prononçait une amende de deux livres d'or contre celui qui avait dissimulé sous un amas de terre les ruines d'un sépulcre. Le

---

(1) Godefroy, Code Théod., de sepulc. violat.

(2) Cassiodore Variar. lib. VI, epist. 8. Op. cit. t. I, p. 101.

(3) Même peine prononcée par le 4ᵉ Concile de Tolède, can. 46, édit. Harduin, t. III, p. 588,

crime est alors plus grave, car c'est tenter de faire disparaître à tout jamais le lieu de sépulture ; en conséquence, la peine ordinaire était portée au double. Constance éleva ensuite le taux de l'amende à un minimum de 20 livres, et édicta la même peine contre les juges qui n'auraient pas fait application de la loi. Cette dernière disposition se retrouve seule au Code de Justinien (1).

Dans une constitution postérieure (356), Constance rétablit les anciennes pénalités et fait revivre les textes qui les consacrent. Paul distinguait, nous le savons, suivant l'espèce du crime et la qualité du coupable. S'agissait-il de la violation du sépulcre : c'était pour les *honestiores* la relégation, pour les *humiliores* la condamnation aux mines. S'agissait-il de la violation des cadavres : les *honestiores* étaient punis de la déportation, les *humiliores* de la peine capitale (2).

La constitution suivante (357) confirme le rétablissement de la peine de mort opéré par la précédente ; elle y adjoint une peine pécuniaire de dix livres d'or. Cette amende est de moitié moins forte que celle qui avait été établie par la constitution 2ᵉ au Code Théodosien. Or, nous savons que celle-ci remplaçait toutes les anciennes pénalités alors abrogées : du moment qu'elles revivaient, il était juste que la nouvelle amende fût moins forte. Les Basiliques (3) et Cujas (4) rétablissent donc à tort l'ancienne peine de 20 livres d'or.

Julien l'Apostat, dans un édit au peuple d'Antioche, rendu contre les chrétiens (363), punit d'une peine qu'il n'indique pas, ceux qui détourneraient les pierres et ornements des

(1) L. 3, C. de sepulc. violat.

(2) Paul. Sent. liv. I, tit. 21, § 4 et 5. — L. 3, § 7 ; l. 11, D. de sepulchr. violat.

(3) Basiliques, liv. 60, tit. 23, ch. 14.

(4) Cujas, Explic. l. 4, C. de sepulchr. violat.

sépultures païennes. En transcrivant au Code la première
partie de cet édit, Tribonien estime que cette peine était
la même que celle qui punissait le sacrilège (1).

235. — Enfin un des documents les plus importants sur la
matière est la Novelle 5 de Valentinien III contre les violateurs de sépulture.

Il rappelle les anciennes pénalités peu à peu tombées
en désuétude ; il constate l'accroissement des crimes de
ce genre, particulièrement chez les clercs, qui ne craignent
point de porter ensuite à l'autel des mains souillées. Il veut
une répression sévère, et édicte les peines suivantes :

1° Pour les esclaves et les colons, la peine capitale; si, dans
le supplice, ils accusent leurs maîtres sans être interrogés à ce
sujet, ils n'en subiront pas moins leurs peines.

2° Pour les ingénus, s'ils sont plébéiens ou de basse extraction, la mort ; s'ils sont d'un rang plus élevé, la note d'infamie, et la confiscation de la moitié de leurs biens.

3° Les clercs coupables doivent être spécialement punis.
On leur enlève le nom et le caractère sacré, sans exception,
et on les condamne à la déportation perpétuelle.

S'il est impossible de se saisir du criminel, on doit aussitôt
en référer à l'autorité impériale, pour qu'il soit avisé aux
moyens de donner prompte satisfaction à la justice.

Recommandation est faite aux présidents des provinces de
ne rien négliger pour poursuivre les crimes : faute de quoi,
ils seront déchus de leur rang et de leurs fonctions.

236. — Justinien, dans son Code, ne transcrivit point *in
extenso* chacune de ces dispositions transitoires. Il retint pour
les profanateurs des cadavres la peine capitale s'ils sont *humi-*

____

(1) L. 5, C. de sepulchr. violat.

liores, et la déportation s'ils sont *honestiores* : s'il y a eu seulement violation du sépulcre, les premiers sont condamnés aux mines, les seconds à la relégation. Quant à la peine pécuniaire, elle demeure fixée à 10 livres contre les profanateurs des tombeaux, et à 20 livres contre les juges qui n'ont pas poursuivi le crime.

Dans une de ses Novelles (1), l'empereur Léon apporta un certain adoucissement à ces rigueurs. Il condamne aux verges celui qui commet le crime pour la première fois, mais, au cas de récidive, maintient l'ancienne pénalité.

237. — La répression sévère du crime se poursuivit sous tout le Bas-Empire. Il serait intéressant de l'étudier chez les différents peuples vivant ou s'inspirant encore de la vie juridique de Rome. Nous la retrouverions chez les Visigoths, les Ostrogoths, les Saxons, les Lombards, etc., se décomposant toujours en peine pécuniaire et en peine corporelle qui, la plupart du temps, est celle du dernier supplice (2).

(1) Léon. Nov. XCVI.

(2) Les Barbares, en effet, n'avaient pas sur le respect dû aux morts des idées moins rigides que les Romains. Toutes leurs lois contiennent quelque disposition prononçant des peines rigoureuses contre les violateurs de sépultures.

La *lex Visigothorum* (liv. XI, tit. 2, *de inquietudine sepulch.*) distingue suivant que l'auteur du crime est libre ou esclave. Au premier cas il devra payer aux héritiers du mort ou, à leur défaut, au fisc, une livre d'or ; il restituera ce qu'il a pris, et en outre recevra cent coups de verges. Si c'est un esclave, on le livrera aux flammes après lui avoir donné deux cents coups de verges. — La loi est un peu moins sévère dans un cas où le motif qui a conduit le coupable n'est pas le lucre ou une pensée de basse vengeance, et à ce point de vue apparaît un trait curieux des mœurs du temps. Pour se préserver de certains maux, on portait sur soi un ossement de mort ou quelque objet ayant appartenu à un défunt. Celui qui dans ce but aura touché à une tombe devra payer 12 *solidi* aux héritiers. L'esclave recevra, dans le cas où il aura agi spontanément, cent coups de verges et devra tout remettre en bon état. Mais s'il n'a fait qu'exécuter l'ordre de son maître, celui-ci sera seul responsable et paiera l'amende.

(Canciani, Barbarorum leges antiquæ, Venise, 1789, t. IV, p. 181.)

Suivant la *loi Salique*, celui qui dépouillait un mort, avant qu'il ne fût mis

Par les faits historiques, il serait donc aisé de démontrer l'importance souveraine attachée à la paix du tombeau par tout peuple soucieux de la dignité humaine. Ainsi se trouve justifié, plus encore peut-être sous l'empire des lois chrétiennes que sous la législation du paganisme, le mot de Tacite qui nous semble résumer cette imparfaite étude : « *Grave crimen læsarum religionum* ».

en terre, était condamné à une amende de 4000 deniers ou 100 *solidi*. La somme était doublée lorsque le crime avait été commis après l'inhumation. La famille du mort pouvait en outre exiger du juge qu'il interdît au coupable la vie au milieu des hommes de sa race et qu'il frappât d'une amende de 600 deniers ou 50 *solidi* celui qui lui donnerait l'hospitalité. La personne qui plaçait un homme mort dans le sarcophage et la fosse d'un autre devait payer 2500 deniers.

(Pardessus, Loi Salique, tit. XVII, 5ᵉ texte. Paris, 1843.)

Chez les *Ostrogoths* (Edicta regum Ostrogothorum, nᵒ 110), la peine prononcée était la mort.

(Canciani, op. cit. t. I, p. 11.)

Quant aux *Lombards* (Rotharis leges, nᵒˢ 15 et 16), ils obligeaient à payer 900 *solidi* aux parents du défunt ou, à défaut de ceux-ci, au Roi. Le *Gastaldius* et le *Sculdarius* étaient chargés de poursuivre au nom de ce dernier. Lorsque le coupable, au lieu d'ouvrir la tombe pour en arracher le cadavre, l'avait trouvé dans un cours d'eau ou gisant en plein air et l'avait dépouillé, la composition était réduite à 80 *solidi*. (Id. t. I. p. 65.)

Les *Capitulaires de Charlemagne* punissaient celui qui avait violé le sépulcre, que ce fût un ingénu ou un esclave. Si le coupable était un personnage considérable, il perdait la moitié de ses biens et était noté d'infamie. Si c'était un clerc, on le déposait et on le condamnait à l'exil perpétuel. En outre, le droit d'accuser appartenait à tous, et le juge qui n'avait pas sévi était privé de sa charge. (Id. t. III, p. 325.)

Les institutions du *Royaume de Sicile* (liv. III, titre 60) ajoutent aux antiques pénalités celle de la mutilation de la main. (Id. t. I, p. 374.)

Quant au *droit canonique*, il frappait d'excommunication majeure tous les violateurs de sépulture. Cela résulte notamment de l'Extravagante de Boniface VIII, « detestandæ feritatis de sepult. » (Corpus juris canonici. Extravag. Commun. Lib. III, t. VI.)

TABLE DES MATIÈRES

CHAPITRE III.

DES SANCTIONS DU DROIT DE RENDRE UN LIEU RELI-GIEUX.

CHAPITRE IV.

DE L'ÉTAT JURIDIQUE DU LIEU RELIGIEUX.

CHAPITRE V.

DES SÉPULCRES APPARTENANT A UNE UNIVERSALITÉ.

CHAPITRE VI.

DE LA CONSTRUCTION DES TOMBEAUX.

CHAPITRE VII.

COMMENT UN LIEU CESSE D'ÊTRE RELIGIEUX.

CHAPITRE VIII.

DES CONVOIS FUNÈBRES.

CHAPITRE IX.

DES FRAIS FUNÉRAIRES.

ERRATA

Page 88, note 5, *au lieu de* : L. 10, *lire* : L. 5.

Page 90, ligne 16, *au lieu de* : Ita, *lire* : Iter.

Id. note 2, *au lieu de* : L. 25 § 2, *lire* : L. 23 § 2.

Page 113, ligne 21, *au lieu de* : sub hujusmodi, *lire* : sub prætex-
tu hujusmodi.

Page 159, note, *au lieu de* : L. 3 § 4 D. ᵈd exhibendum, *lire* : L. 3.
§ 14.

Page 177, note 1, *au lieu de* : L. 47, *lire* : L. 17.

Page 178, ligne 24, *au lieu de* : ce privilège, *lire* : le privilège.

Page 193, ligne 20, *au lieu de* : ces biens, *lire* : ses biens.

Page 195, ligne 3, *au lieu de* : efforts, *lire* : effets.

www.ingramcontent.com/pod-product-compliance
Ingram Content Group UK Ltd.
Pitfield, Milton Keynes, MK11 3LW, UK
UKHW020823120726
13693UKWH00002B/435

9 782016 200377